동 물 화
하 는
포 스 트
모 던

DOBUTSUKA SURU POSUTOMODAN

Copyright ⓒ 2001 Hiroki Azuma
All rights reserved.
Korean translation rights arranged with Hiroki Azuma
though [comicpop entertainment]

이 도서의 국립중앙도서관 출판시도서목록(CIP)은
e-CIP홈페이지(http://www.nl.go.kr/cip.php)에서 이용하실 수 있습니다.
(CIP제어번호 : CIP2007001951)

동물화하는 포스트모던

오타쿠를 통해 본 일본 사회

아즈마 히로키 지음 — 이은미 옮김

문학동네

한국의 독자 여러분에게

1971년에 태어난 필자는 이십대에 대학원에서 철학을 배웠고, 그것과 병행하여 문예지나 논단지에 원고를 기고했다. 필자의 첫 저작은 프랑스의 철학자 데리다에 대한 학술논문이었는데, 그와 거의 동시에 사회문제나 서브컬처를 폭넓게 다룬 평론집을 출판해, 저널리즘에는 오히려 그쪽의 작업이 더 잘 알려져 있다. 이 책은 그러한 필자의 네번째 저작에 해당한다.

이 책의 목적은, 1970년대에 일본에서 발흥하여 만화나 게임 등 거대한 엔터테인먼트 산업을 창출한 서브컬처 집단인 '오타쿠'에 초점을 맞추어, 그 역사를 '포스트모던'이라는 개념을 써서 정리함으로써 현대 일본의 정신구조에 대한 분석을 시도하려는 것이었다. 이 책은 일본에서는 2001년에 출판되어 2000년대 전반의 현대사회와 서브컬처에 관심을 갖고 있는 젊은 독자들에게 큰 영향을 끼쳤다. 이번 한국어판은 그 첫 번역판이다. 앞으로 프랑스어판과 영어판이 연이어 출판될 예정이다.

필자는 사회학자도 저널리스트도 아니다. 그런 필자가 왜 '오타쿠를 통해 본 일본 사회'에 대한 책을 썼는가에 대해서는 일본에서도 쉬 이해하기 어렵다고들 할 정도이니, 한국에서는 더더욱 이해하기 어려울 것이다.

그 의문에 한마디로 답한다면, 순전히 '보다 자유롭게 사고하고파서' 정도가 될 것이다. 우리는 대중문화로 넘치는 소비사회 속에서 생각을 하며 살아간다. 이 책의 바탕에는, 서브컬처의 표현형식이나 소비구조는 동시대의 사회를 반영하고 있으므로, 적절한 틀만 주어진다면 서브컬처를 읽어내는 것은 사회분석의 유효한 수단이 될 수 있다는 확신이 깔려 있다. 유럽에서 유래하여 비평의 긴 역사를 갖는 문학이나 미술과 달리, 전후의 일본에서 생겨난 서브컬처의 분석은 이론의 축적이 극히 적다. 그래서 이 책에서 필자는 '포스트모던'이라는 개념을 축으로 하여 종래의 서브컬처론에는 없었던 시점을 제시하였다. 필자는 그렇게 함으로써 '애니메이션을 보는 것' '게임을 하는 것'이 그대로 '사회에 대하여 생각하는 것'으로 이어진다는 사고의 회로를 개척하고 싶었다.

이 책은 일본의 독자를 전제로 하여 일본 사회에 대해 이야기한 책이다. 그러나 이 책이 다루고 있는 '오타쿠'의 표현은 한국의 젊은 세대에게도 커다란 영향을 주고 있으며, 또 원래 일본과 한국은 전통적인 가치관에서부터 소비사회의 성질에 이르기까지 많은 조건을 공유하고 있다. 따라서 만화나 게임 같은 역사가 짧은 '탈사회적'인 서브컬처의 변천으로부터 현대사회의 정신구조를 탐색하려는 이 책의 의도는 한국에서도 어느 정도 유효한 것이 아닐까 한다. 이 책의 간행이 기점이 되어 한국의 독자에게서 생각지도 못했던 반응이 되돌아올 것을 마음속 깊이 기대하고 있다.

하지만 이 책에는, 일본어 용어에 익숙지 않은 독자에게는 약간 이해하기 어려운 부분도 있을 것이다.

가령 이 책의 서두에서는 '오타쿠'에 대한 거론 자체를 정당화하는 것에 상당한 페이지를 할애하고 있다. 그와 같은 전제의 필요성은, 1990년대의 일본에서 만화나 게임에 쏟아진 경멸적인 시선을 모른다면 여간해서는 이해하기 어려울 것이다. 또 이 책에는 오쓰카 에이지大塚英志, 오사와 마사치大澤眞幸, 미야다이 신지宮台眞司, 오카다 도시오岡田斗司夫 등, 필자보다 거의 열 살 이상 많은 세대의 일본인이 다수 등장한다. 그들의 대부분은 한국에는 알려져 있지 않으므로, 한국의 독자는 왜 단순한 일본사회론이 아니라 그들의 논의에 대한 '비판'을 하지 않으면 안 되었나 하는 필연성을 느끼기 어려울 거라 생각한다. 그런 점에서 이 책의 논의는 가끔 말을 너무 돌려서 한다는 인상을 줄지도 모르겠다.

앞에서도 이야기했듯, 필자는 이 책의 논의가 일본 특유의 상황을 떠나서도 유효할 것이라고 믿고 있다. 그러므로 한국의 독자 여러분은 그와 같은 부분은 무시하고 읽어나가도 괜찮을 것이다.

그러나 만약 여유가 있다면, 현대 일본의 서브컬처에 대해, 일본어로 일본인을 상대로 21세기에 씌어진 이 책이, 왜 그와 같은 굴절된 면을 떠안아야 했는가 하는 이유에도 신경을 써준다면 필자로서 기쁘겠다. '오타쿠'들의 존재는 일본에서는 독특한 양의성을 지닌다. 그들의 표현은 '콘텐츠 산업'의 싹으로서 주목을 받고 '쿨 저팬'의 중심으로 정책적인 관심을 집중시키는 한편, 지금도 지식인의 경멸을 받으며 범죄의 온상으로서 끊임없이 경계당하고 있다. 외국에서는 일본이 애니메이션이나 게임을 별 생각 없이 자랑스럽게 내놓고 있다고 생각할지 모르겠으나, 실제로는 많은 일본인이 자신들이 만들어낸 이형의 서브컬처를 앞에 두고 깊은 당혹감을 느끼고 있다. 그리고 그러한 당혹감에는 분명 전후 일본의 여러 왜곡된 모습이 반영되어 있다. 이 책 또한 그러한 환경에서 생겨난 것이라, 역시 이 책만의 독특한 굴절적인 면을 떠안고 있다.

때문에 그런 굴절적인 면들을 모르더라도 이 책을 읽는 데 문제가 되지는 않을 것이다. 아니, 오히려 이 책을 집필할 당시의 필자는 되도록 그와 같은 굴절을 펼쳐보기 위한 목적을 가지고 있었다(현재 필자의 관심은 다소 다르다). 그러나 만약 독자 여러분이, 그래도 이 책이 가지고 있는 모종의 굴절적인 면을 통하여, 여기에서 거론한 작품에 한하지 않고 표면적으로는 평이한 대중을 위한 엔터테인먼트에 지나지 않는 '오타쿠'들의 작품이 똑같이 떠안고 있는 곤란함에 눈을 돌려준다면, 일본인 저자로서는 대단히 기쁜 일이겠다. 왜냐하면 '오타쿠'에 대하여 이야기하는 것이 왜 이토록 번거로운 일인가 하는 것 자체가, 현대의 일본에 대하여 이야기하는 것이 왜 이토록 번거로운 것인가 하는 문제와 연결될 것이기 때문이다.

지금까지 상당히 딱딱한 문장을 써서 서술하였지만, 실제로 이 책은 적어도 일본에서는 난해한 사상서가 아니라, 서브컬처에 관심이 있는 독자에게 널리 읽힌 대중적인 책이다.

일본에서는 이 책의 간행에 대해 현대사상이나 사회학 전문가로부터의 반응보다 '오타쿠'로부터의 반응이 찬부를 포함하여 더 컸으며, 그것은 출판 후 오 년 반이 지난 지금도 변함이 없다. 물론 그와 같은 반응에는 많은 오해가 포함되어 있는데, 필자로서는 전문가로부터의 '바른' 감상보다도 오히려 그와 같은 오해의 다이나미즘 쪽에서 용기를 얻어왔다. 따라서 한국에서도 이 책은 그와 같이 어떤 의미에서 가볍게, 편하게 읽어주길 바란다.

마지막으로 사사를 올리겠다. 우선은 역자인 동신대학교 교수 이은미李恩美씨에게 감사를 드리고 싶다. 이 책의 출판 기획은 지금부터 이 년 전 이씨가 필자에게 거의 완성 상태의 번역 원고를 보내줌으로써 시작되었다. 이씨가 없었더라면 이 책의 출판은 몇 년 더 늦어졌을 것이다.

또 이 책의 일본어판 출판사인 고단샤講談社, 그리고 한국어판 출판을 결단해준 문학동네에 감사드린다.

그리고 마지막으로 이 책 출판의 한국어권 대리인이자 이 책의 말미에 수록된 상세한 용어 해설을 제작해준 코믹팝엔터테인먼트의 선정우宣政佑씨에게 깊은 감사를 드린다. 필자는 2003년에 선정우씨를 만나게 되었는데, 이후로 그의 일본 이해에 대한 깊이와 '오타쿠적 교양'의 방대함, 그리고 현대사회를 바라보는 시선의 확실함에는 항상 혀를 내두르고 있다. 선정우씨와는 일본어로 이미 여러 작업을 하고 있는데, 이번에 한국어로 이와 같은 공동작업의 성과를 활자로 만들어낸 것에는 역시 독특한 감개가 서려 있다.

필자는 원래 한국사회에 관심이 있었으며 학생 시절부터 여행으로 틈틈이 방문한 적이 있지만, 선정우씨와의 만남이 없었다면 여행자 이상의 관심을 가지지는 못하였을 것이다. 이 책의 출판을 계기로 선정우씨와 다시 새롭게 한국을 대상으로 한 작업을 할 수 있다면, 필자로서는 기대 이상의 기쁨이겠다.

2007년 6월

도쿄 이케가미 혼몬지池上本門寺가 바라보이는 자택에서

아즈마 히로키東浩紀

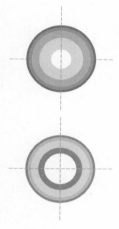

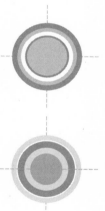

일러두기

1. 원주는 *로, 감수자 주석은 숫자로 표시하였다.
2. 인명, 작품명에는 원어를 덧붙였으며, 일본어 표기는 국립국어연구원 외래어 표기법에 따랐다.

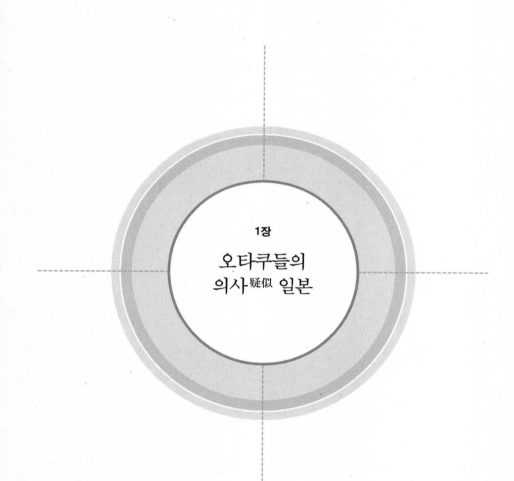

1장

오타쿠들의
의사疑似 일본

1. 오타쿠계 문화란 무엇인가

'오타쿠계 문화'의 구조에 나타난 포스트모던의 모습

'오타쿠'라는 말을 모르는 사람은 없을 것이다. 그것은 한 마디로 말하면 만화comic, 애니메이션animation, 게임, PC, SF, 특수촬영[1], 피규어figure[2], 그 밖에 서로 깊이 연관된 일군의 서브컬처subculture에 탐닉하는 사람들의 총칭이다. 이 책에서는 이 일군의 서브컬처를 '오타쿠계 문화'라고 부르고 있다.

만화와 애니메이션으로 대표되는 오타쿠계 문화는 아직도 젊은이 문화로 생각되는 경우가 많다. 그러나 실제로는 그 소비자의 중심은 50년대 후반에서 60년대 전반에 걸쳐 태어난 세대이며, 사회적으로 책임 있는 지위에 있는 30, 40대의 어른들이다. 그들은 이미 모라토리엄moratorium을 즐기는 젊은이는 아니다. 이런 의미에서 오타쿠계 문화는 이제 일본 사회 속에 단단히 뿌리를 내리고 있다.

또 오타쿠계 문화는 J-pop처럼 전 국민적으로 확산된 문화는 아니지만 결코 마이너한 문화도 아니다. 동인지 시장의 규모나 전문지의 판매부수, 인터넷 검색엔진 등록수 등으로 추측하건대 오타쿠계 소비자는 2차창작(자세한 것은 후술하겠다)을 매매하거나 코스프레[3]를 하거나 하는 극히 활동적인 층에만 한정해도 수십만 규모를 밑돌지 않을 것으로 생각된다. 그리고 덧붙이자면 오타쿠계 문화는 이미 일본만의 현상도 아니다. 오타쿠들이 만들어낸 만화나 애니메이션, 게임 등의 독특한 세계는 일반지에도 종종 보도되는 것처럼 한국이나 대만을 비롯해 아시아 지역의 서브컬처에 깊은 영향을 미치고 있다.

마지막으로 또하나 덧붙이면, PC통신밖에 없었던 80년대부터 현재까지 일본 인터넷 문화의 기초는 오타쿠들에 의해 구축되어왔다. 오타쿠계 웹사이트나 게시판이 많다는 것뿐 아니라, 프로바이더provider의 FTP 사이트명에 애니메이션 캐릭터의 이름이 붙어 있거나 워드프로세서나 표 계산 소프트웨어의 설명서 예문에 아무렇지도 않게 노벨 게임[4]의 한 구절이 들어가 있는 등, 그 흔적은 음으로 양으로 여러 곳에서 확인할 수 있다.

따라서 지금 일본 문화의 현상에 대해 진지하게 생각하려 한다면 오타쿠계 문화의 검토는 피해갈 수 없다. 그런데 이 '오타쿠'라는 말에는 1988년에서 1989년에 걸쳐 미야자키 쓰토무宮崎勤가 일으킨 여아 연속 유괴살인사건[5] 때문에 아직도 독특한 무게가 실려 있다.

오타쿠라는 말은 원래 70년대에 대두한 새로운 서브컬처의 주역을 가리키는 것이었다.* 그런데 불행하게도 그 말은 이 엽기사건을 계기로 사회적으로 알려졌고, 그 때문에 오타쿠라고 하면 비사회적이고 도착적인 성격유형을 널리 연상시키게 되어버린 것이다. 미야자키 사건 직후 어떤 주간지는 오타쿠란 "인간 본래의 커뮤니케이션에 서툴고 자기의 세계에 틀어박히기 쉬운" 사람들이라고 해설했는데,** 이와 같은 이해는 지금까지도 일반적일 것이다.

한편 정반대의 입장도 있다. 일반적으로는 그다지 알려져 있지는 않지만, 오타쿠라는 말은 실은 90년대 특정한 세대의 오타쿠들에 의해 매우 적극적으로 쓰여왔다. 미야자키 사건을 계기로 한 격렬한 공격이 역으로 오타쿠들 자신의 강한 반발을 낳아, 이번에는 그들이 과도하게 '오타쿠라는 것'을 의식하게 된 것이다. 오타쿠들의 그와 같은 자부는 좀처럼

---

* 현재 우리가 쓰고 있는 '오타쿠'라는 표현(서브컬처 집단의 명칭으로서)은 1983년에 나카모리 아키오(中森明夫)가 처음으로 쓴 것이다. 『오타쿠의 책』 참조. 그 기원이 된 '오타쿠'라는 호칭 자체는 60년대의 SF 팬덤으로까지 거슬러올라간다고 한다.

** 『주간 요미우리』 1989년 9월 10일호. 나카모리 아키오의 소개에서 인용. 『오타쿠의 책』, 90쪽.

매스미디어에는 드러나지 않았으나 1995년 〈신세기 에반겔리온新世紀ェヴァンゲリオン〉[6]이 히트하면서 오타쿠계 문화에 사회적 이목이 집중됨에 따라 서서히 표면에 나타나기 시작했다. 그 한 예가 1996년에 비평가인 오카다 도시오岡田斗司夫[7]가 출간한 『오타쿠학 입문』이다. 그 책의 서두에서 오카다는 '오타쿠'라는 말이 차별적인 표현이 되어 있는 현상에 의문을 제기하며, 오타쿠란 '진화된 시각을 가진 인간'이며 고도소비사회의 문화상황에 적응한 '뉴타입new type'[8]이라고 재정의하고 있다.* 과대망상으로까지 보이는 이와 같은 주장에서 역으로 당시의 오타쿠들이 얼마나 비난에 떨고 있었는지 그 공포심을 확연히 엿볼 수 있다.

미야자키 사건으로 생긴 이같은 분열 때문에 90년대가 끝날 때까지 오타쿠계 문화에 대해 객관적으로 당당하게 이야기하기가 어려웠다. 한편 권위 있는 매스미디어나 언론계에서는 아직도 오타쿠적인 행동양식에 대한 혐오감이 강해, 오타쿠계 문화에 대한 논의는 내용 이전에 그 수준에서 저항에 부딪히는 일이 많다. 실제로 필자 자신도 일찍이 애니메이션에 대한 짧은 책의 기획이 거론되었을 때 어느 유명한 비평가로부터 강한 반발을 받고 놀란 적이 있다.

신세기 에반겔리온 DVD박스
애니메이션 제작:가이낙스,
DVD 발매 : 뉴타입DVD

* 『오타쿠학 입문』 10, 49쪽.

다른 한편 반ᴿ권위적인 분위기가 강한 오타쿠들에게는 오타쿠적인 수법 이외의 것에 대한 불신감이 있으며, 오타쿠 이외의 사람이 애니메이션이나 게임에 대해 논하는 것 자체를 환영하지 않는 경향이 있다. 현대사상 학술지로 논단에 나와 태생적으로 서브컬처의 세계와 거리가 먼 필자는 이 점에서도 일부로부터 반발을 받아왔다. 즉, 간단하게 말하면 한편에는 애당초 오타쿠 따위의 가치를 인정하지 않는 사람들이, 다른 한편에는 오타쿠에 대해서는 특정 집단만이 이야기할 권리를 가지고 있다고 생각하는 사람들이 있어 그 어느 쪽에도 가담하지 않는 입장을 취하기란 극히 어려웠던 것이다.

이 책이 의도하는 바는 그같은 기능부전을 회복하고 오타쿠계 문화에 대해, 그리고 나아가서는 일본의 현 문화상황 일반에 대해 당연한 것을 당연한 것으로 분석하고 비평할 수 있는 상황을 만드는 것이다. 그리고 그것은 또 우리 사회를 보다 잘 이해하는 것으로도 이어질 것이다. 문학에 역사가 있고 미술에 역사가 있듯이 오타쿠계 문화에도 40년이라는 짧은 기간이긴 하지만 역사가 있으며, 그 흐름은 확실히 우리 사회의 변천을 반영하고 있다. 그 역사를 '서브컬처 사ᴴ'로서 종적으로 더듬어볼 수도 있겠지만, 여기에서 필자가 시도하고자 하는 것은 오히려 그 역사를 횡적으로 보고 오타쿠계 문화의 변천과 그 바깥쪽의 사회적 변화와의 관련성을 이끌어내는 것, 그리고 그 과정을 통해 오타쿠계 문화 같은 기묘한 서브컬처를 끌어안게 된 우리 사회가 어떤 사회인지 조금 진지하게 생각해보는 것이다. 그러므로 앞으로의 논의는 필자와 지식이나 세대를 공유하는 오타쿠들을 향해 있기도 하지만, 동시에 오타쿠 따위 생각해본 적도 없고 생각하고 싶지도 않다고 하는 많은 독자들을 향한 것이기도 하다.

오타쿠계 문화의 구조에 우리 시대(포스트모던)의 본질이 지극히 잘 나타나 있다는 필자의 생각이 조금이라도 많은 독자들을 납득시켜 각자의 입장에서 세상을 이해하는 데 도움이 된다면 그 이상의 기쁨은 없겠다.

오타쿠의 세 세대

이 책에서 '오타쿠 문화'가 아니라 '오타쿠계 문화'라는 약간 애매한 표현을 쓰고 있는 이유에 대하여 간단하게 설명해두고 싶다. 앞에서 이야기한 바와 같은 복잡한 상황 때문에 90년대 '오타쿠란 무엇인가' '오타쿠적인 것이란 무엇인가' '누가 오타쿠이고 누가 오타쿠가 아닌가'라는 문제에 대해 오타쿠들 사이에서 막대한 논의가 거듭되어왔다. 그러나 필자 자신의 경험으로 보아 이같은 질문에 결론을 내리기는 불가능하며, 깊이 따지고 들어도 각자의 주체성^{identity}을 건 감정적인 충돌밖에 생기지 않는다. 필자가 여기에서 '계^系'라는 애매한 표현에 담고 있는 것은 그와 같은 쓸모없는 논의는 일단 유보해두고 이야기를 조금 대략적으로 이끌어나가자는 메시지이다.

그럼에도 굳이 덧붙이자면, 그 애매한 '오타쿠계'라는 것에 대해서도 다음의 두 가지는 말할 수 있겠다. 하나는 일군의 오타쿠계 서브컬처의 기원은 기본적으로 60년대라고 생각된다는 점,[*] 그리고 또하나는 현재 오타쿠계 문화의 주역은 대략 세 세대로 나뉘어 있다고 생각된다는 점이다.

그 셋이란 60년대 전후 출생을 중심으로 〈우주전함 야마토 宇宙戰艦ヤマト〉⁹⁾나 〈기동전사 건담 機動戰士ガンダム〉¹⁰⁾을 십대에 본 제1세대, 70년대 전후 출생을 중심으로 앞 세대가 만들어낸 발전되고 세분화된 오타쿠계 문화를 십대에 누린 제2세대, 80년대 전후 출생을 중심으로 〈에반겔리온〉 붐 때 중고

---

* 다케쿠마 겐타로(竹熊健太郎)에 의하면 오타쿠계 문화의 기원 중 하나는 60년대의 오토모 쇼지(大伴昌司)의 활동에 있다. 오토모는 1973년에 37세의 나이로 죽은 칼럼니스트이자 편집자로 괴수 붐을 일으킨 사람으로 알려져 있다. 그는 1961년에 매스미디어에 등장해 1966년에서 1971년까지 『소년 매거진』을 무대로 괴수, 미스터리, SF, 오컬트, 로봇, 컴퓨터 등 후에 오타쿠계 문화의 중핵이 되는 화제에 대한 많은 기사를 썼다.

생이었던 제3세대로 나뉘는 것으로, 이 세 그룹의 취미 지향은 각각 미묘하게 다르다.

예를 들면 만화나 애니메이션, 컴퓨터는 세대를 넘어 큰 관심을 모으고 있지만, 제1세대에서 SF나 B급 영화에 향해 있던 관심은 제3세대에서는 대개 미스터리나 컴퓨터 게임에 대한 관심으로 바뀐다. 또 제3세대는 십대 중반에 인터넷의 보급을 맞이해 동인활동의 중심이 웹 사이트로, 일러스트의 중심이 컴퓨터그래픽으로 바뀌며 앞 세대와는 유통 경로도 표현 형식도 크게 달라졌다.* 그러한 상황 속에서 이 책의 논의는 특히 제3세대의 새로운 움직임에 초점을 맞추고 있다.**

─────────────

* 그 한 예가 모리카와 기이치로(森川嘉一郎)[11]가 지적한 것과 같은 아키하바라(秋葉原)의 급속한 오타쿠화이다. 90년대 아키하바라는 가전제품의 거리도 컴퓨터의 거리도 아닌, 정보산업과 서브컬처의 융합이 이룩해낸 독특한 지역으로 성장해 있었다. 본문에서는 특별히 다루지 않았지만, 나중에 참조할 〈디지캐럿デ·ジ·キャラット〉이나 1998년에 오쓰키 도시미치(大月俊倫)[12]가 제작한 〈아키하바라 전뇌조アキハバラ電脳組〉에서 보이듯 90년대의 오타쿠계 작품은 아키하바라라는 거리와 깊이 관련되어 있다. 그것은 70년대에서 80년대에 걸친 오타쿠계 문화가 주오센(中央線) 주변 지역과 결부되어 있었던 것과는 대조적이다. 이런 의미에서 90년대의 오타쿠계 문화는 '시부야(澁谷)계' '신주쿠(新宿)계' '시모키타자와(下北沢)계'와 같이 '아키하바라(秋葉原)계'라고 명명해도 좋을지도 모르겠다.

** 더 정확히 말하면, 이 책에서 주로 다루는 것은 제3세대 남성 오타쿠들의 움직임이다. 코믹 마켓(comic market)의 일정이 길게 이틀로 나뉘어 암묵적으로 남성과 여성이 구별되어 있다는 사실이 상징하는 바와 같이 오타쿠계 문화에서 성차(性差)는 무시할 수 없는 데가 있다. 그러나 이 책에서는 거기까지 다루지는 않았다.

2. 오타쿠들의 의사疑似 일본

포스트모던이란 무엇인가?

필자는 앞에서, 오타쿠계 문화의 구조에는 **포스트모던**의 본
질이 매우 잘 나타나 있다고 했다. '포스트모던' 이란 말도 어
디선가 들어본 적이 있는 독자가 많을 것이다. '포스트post' 란
'뒤에 오는 것' 이며 '모던modern' 이란 '근대' 를 의미한다. 따
라서 '포스트모던' 이란 문자 그대로 말하면 '근대의 뒤에 오
는 것' 을 의미한다. 이 말은 60년대 또는 70년대 이후의 문화
적 세계를 폭넓게 파악하기 위해 현대사상이나 문화연구 분
야에서 종종 쓰이고 있다.

지금으로부터 30, 40년 전 일본, 유럽, 미국 등의 고도자
본주의사회에서는 '문화란 무엇인가' 를 규정하는 근본적인
조건이 변화했으며, 그에 따라 많은 장르가 변모했다. 예를
들면 록 음악이 대두했고, SFX영화가 대두했으며, 팝아트가
대두했고, LSD와 PC가 생겼으며, 정치가 실추하고 문학이

실추했으며, '전위前衛' 개념이 소멸했다. 우리 사회는 이 거대한 단절 뒤에 위치하고 있으며, 그렇기 때문에 현재의 문화상황은 50년, 100년 전의 연장선상에 선뜻 자리매김할 수 없다. 예를 들면 미스터리와 판타지와 호러가 지배하는 엔터테인먼트 소설 현상을 근대 일본문학의 연장선상에서 이해해보려 해도 반드시 무리가 따른다. 그와 같은 단절의 존재는 전문가만이 아니라 조금이라도 진지하게 현재의 문화를 접하고 있는 사람이라면 누구나 감각적으로 알아차릴 수 있는 것이다. 그런 상식적인 직관을 현대사상이나 문화연구 분야에서 '포스트모던'이라는 말로 부르고 있을 뿐이라는 것이다.

이 책에서는 앞으로 이 '포스트모던'이란 말이 반복적으로 쓰인다. 그러나 지면 관계상 그 개념에 대해 자세하게 해설할 수는 없다. 포스트모던의 정의에 대해서는 여러 가지 소개서가 출간되어 있고, 또 필자 자신도 이론서를 준비하고 있으므로 관심이 있는 분은 그쪽을 참고하기 바란다. 물론 앞으로의 논의에서는 그와 같은 참고서적이 없어도 이해할 수 있도록 그때그때 필요한 개념에 대해서 해설을 덧붙일 것이다. 여기에서는 우선 60년대 혹은 70년대 이후, 보다 좁게 보아 일본에서는 1970년 오사카 만국박람회를 지표로 그 이후, 즉 '70년대 이후의 문화적 세계'를 포스트모던이라 부른다고 대략적으로 이해하면 그것으로 족하다.

　이를 전제로 필자는 앞으로 오타쿠계 문화와 포스트모던의 관계를 중심으로 여러 가지 실례를 들어가면서 논의를 전개해나가고자 한다. 그러나 그 전에 한 가지, 주제에서 벗어나긴 하지만 오타쿠계 문화의 본질을 알기 위해 꼭 확인해두어야 할 것이 있다. 그것은 오타쿠와 일본의 관계이다.

오타쿠 문화가 갖는 일본적 이미지

　오타쿠계 문화의 특징은 지금까지 일본의 전통문화와의 비교 위에서 논의되는 일이 많았다. 가령 비평가인 오쓰카 에이지 大塚英志[13]는 1989년에 출간된 『이야기 소비론』에서 80년대에 급증한 2차창작의 존재의식을 가부키 歌舞伎나 닌교조루리 人形淨瑠璃[14]에서의 '세계'나 '취향'이라는 개념을 써서 분석하고 있다. 이 논의는 앞에서 언급한 『오타쿠학 입문』에도 암묵적으로 도입되어 있으며, 오카다는 그 바탕에서 오타쿠들은 작품의 메시지보다도 오히려 '취향'을 읽어내는 데 중점을 두며 그 감각은 에도 江戸 시대의 '이키 粹'[15]에 직결되어 있다고 주장하고 있다.* 『오타쿠학 입문』의 마지막 장에는

---

　* 『이야기 소비론』, 20~24쪽 ; 『오타쿠학 입문』, 224쪽 이하.

'오타쿠는 일본 문화의 정통 계승자이다'라는 제목이 붙어 있다.

이런 지적은 주로 오타쿠들의 소비행동에 주목해서 이루 어지고 있지만, 그 내용에 대해서도 오타쿠계 문화와 전통문 화의 연속성이 여러 곳에서 지적되어 있다. 그중에서도 가장 유명한 것은 아마도 현대미술가인 무라카미 다카시^{村上隆16)}의 주장일 것이다. 그에 따르면 70년대에 애니메이터 가나다 요시노리^{金田伊功17)}가 달성한 독특한 화면 구성은 가노 산세 쓰^{狩野山雪}나 소가 쇼하쿠^{曾我蕭白}의 '기상^{奇想}'과 이어지며, 또 90년대에 원형사^{原型師18)}인 보메^{Bome19)}나 다니 아키라^{谷明}가 선도한 피규어 조형의 진화는 불상 조각의 역사를 반복하고 있다.*

이러한 논객들의 논의를 제쳐두더라도 오타쿠계 작품과 일본적인 이미지와의 친화성은 누구나 쉽게 알아차릴 수 있 다. 예를 들어 80년대 초에 컬트적인 인기를 모은 다카하시 루미코^{高橋留美子}의 만화 〈시끌별 녀석들^{うる星やつら}〉²⁰⁾은 민속학 적인 아이템과 SF 판타지가 혼합된 독특한 작품세계로 유명 하다. 도깨비나 유키온나^{雪女21)}나 벤자이텐^{弁財天22)}을 모티프로

시끌별 녀석들 완결편
오리지널사운드트랙 CD
원작:다카하시 루미코,
애니메이션 제작:키티필름
음반 발매:키티레코드

---

* 『슈퍼 플랫』에 실린 에세이 「슈퍼 플랫 일본미술론」 참조. 피규어와 불상 조각의 유비에 대해서는 2000년 8월 20일 '원더 페스티벌 2000'에서 행해진 강연에서 다루고 있다.

28

한 우주인=이방인들이 섹슈얼한 의상을 걸치고 차례차례 나타나 사건을 일으키는 이 좌충우돌 코미디ドタバタ・コメディ[23]는 오타쿠의 환상이 일본적인 의장意匠에 감싸일 때 비로소 성립하는 것이라는 것을 잘 나타내고 있다.

일본적인 이미지에 대한 이같은 애착은 애니메이션이나 게임이 세계적으로 수용되고 있는 지금도 여전히 오타쿠계 문화를 넓고 깊게 규정하고 있다. 오히려 지금에 와서는 그 애착이야말로 오타쿠의 조건으로 보인다고까지 할 수 있다.

예를 들면 1996년에 사토 다쓰오佐藤 竜雄가 만든 TV 애니메이션 〈기동전함 나데시코機動戦艦ナデシコ〉[24]는 이러한 오타쿠계 문화와 일본적 이미지의 관계를 의식적으로 상대화하고 나아가 메타픽션적인 트릭을 쓴 수작이다. 이 작품의 주인공은 애니메이션 오타쿠이며 동시에 전투로봇을 타는 전사이기도 하다. 이 두 설정은 당초에 로봇물인 영웅hero 애니메이션을 동경하던 주인공이 바로 그 애니메이션처럼 영웅이되어 로봇을 탄다는 행복한 사이클로 연결된다. 그러나 이야기 도중, 주인공들의 '적'은 실은 주인공 자신이 동경하던 로봇 애니메이션을 국가강령의 축으로 채택한, 일본인만으로 이루어진 군사국가라는 사실이 밝혀진다. 그래서 이야기 후반에 주인공은 영웅 애니메이션에 소박하게 동일시했던 지난날의 자신, 오타쿠였던 자신을 자기 비판하면서 동류의

오타쿠가 만들어낸 군사국가와 싸워야 하는 궁지에 빠지고 마는 것이다. 이 작품에서는 70년대의 로봇 애니메이션이나 영웅 애니메이션이 품고 있던 우익적인 정신성과 동시에 그와 같은 애니메이션을 매개로 해서밖에 삶의 목적을 배울 수 없었던 오타쿠들의 존재방식이 희화적으로 파헤쳐져 있다.

오타쿠계 문화는 이와 같이 여러 면에서 일본의 문제와 관계를 맺고 있다. 오타쿠계의 작품은 일본을 주제로 하는 경우가 많고, 일본적인 표현을 많이 이용하며, 매우 일본적으로 소비되고 있다. 따라서 종래의 논의에서는 긍정적이든 부정적이든 오타쿠계 문화가 일본의 독자적인 서브컬처라는 것이 거듭 강조되어왔다.

그러나 이제 오타쿠계 문화의 영향은 널리 해외에까지 퍼지고 있다. 〈카드캡터 사쿠라カードキャプターさくら〉[25]의 번역판이 파리의 서점에 쌓여 있고 홍콩 사람이 만든 아야나미 레이綾波レイ[26]의 개조 피규어가 인터넷 경매에서 비싼 값이 매겨지고 있는 지금, 오타쿠적인 감성이 일본의 독자적인 것이라는 주장은 예전과 같은 설득력을 갖지 못하고 있다. 오타쿠계 문화의 전개를 일본 국내에서의 통사通史로서만이 아니라 세계적인 포스트모던화의 흐름 속에서 이해하려는 이 책의 기획은 그와 같은 상황 인식을 바탕으로 하고 있다. 필자는 오타쿠계 문화의 출현이 결코 일본의 독자적인 현상이라

카드캡터 사쿠라 DVD
애니메이션 제작 : 매드하우스
DVD 발매 : 반다이비주얼㈜

고 생각하지 않는다. 그것은 오히려 20세기 중반에 시작된 문화의 포스트모던화라는 큰 흐름 속에 위치하는 일본의 지류로서 파악해야 한다고 생각한다. 바로 그렇기 때문에 오타쿠들의 작품이 국경을 넘어 지지를 받고 있는 것이다.

오타쿠계 문화의 원류는 미국

그렇다면 거꾸로, 오타쿠들은 왜 앞에서 말한 것처럼 '일본적인 것'에 집착해온 것일까? 여기에서 상기해야 하는 것은 오타쿠계 문화의 기원은 애니메이션이든 특수촬영이든 SF든 컴퓨터 게임이든, 그리고 그 모든 것을 뒷받침하는 잡지문화든 실은 2차대전 후 50년대부터 70년대에 걸쳐 미국에서 수입된 서브컬처였다는 사실이다.* 오타쿠계 문화의 역사란 미국 문화를 어떻게 '국산화'하느냐 하는 환골탈태의 역사였으며, 그 과정은 고도경제성장기의 이데올로기를

---

* 만화든 애니메이션이든 잡지문화든 그것을 단독으로 보았을 때 미국의 영향은 30년대까지 거슬러올라갈 수 있다. 그리고 실제로 그 축적은 오타쿠계 문화의 전개에 커다란 영향을 끼치고 있다. 가령 최근에는 지금까지 데즈카 오사무(手塚治虫)가 개발한 것으로 알려진 여러 기법이 실은 2차대전 전의 만화가들에게서 계승된 것이라는 사실이 밝혀지고 있다. 그러나 그 영향이 2차대전에 의해 한때 중단되어 전후 전혀 다른 환경에서 재개되었다는 것은 의심의 여지가 없다. 오타쿠계 문화라는 서브컬처의 통합이 탄생한 것은 그후의 이야기이다.

매우 잘 반영하고 있기도 하다. 따라서 만약 지금 우리가 애니메이션이나 특수촬영의 화면 구성에서 일본적인 미학을 보게 된다면, 그와 동시에 바로 수십 년 전까지 이 나라에는 애니메이션이나 특수촬영이라는 것이 없었으며 그것이 '일본적'이 된 과정은 상당히 왜곡된 것이었다는 사실 또한 상기할 필요가 있다. 오타쿠들은 분명 에도 문화의 계승자일지도 모르지만, 그 양자는 결코 연속적이지 않다. 오타쿠와 일본 사이에는 미국이 끼어 있는 것이다.

그 왜곡된 행보 속에서 가장 알기 쉬운 것은 아마 리미티드 애니메이션limited animation의 국산화 과정일 것이다. 리미티드 애니메이션이란 풀 애니메이션full animation과 대를 이루는 말로, 일 초당 여덟 장의 동화動畫(동화 한 장으로 3프레임을 촬영한다)로 만들어진 애니메이션을 의미한다. 이 기법은 원래 40년대 후반 미국에서 디즈니적인 리얼리즘에 대한 반발로 생겨났다. 즉 그것은 원래 애니메이션이라는 표현매체의 가능성을 이끌어내기 위하여 채택된 예술가의 적극적 선택이었던 것이다. 그러나 그 기법은 일본에서는 데즈카 오사무手塚治虫[27]가 만든 〈철완 아톰鉄腕アトム〉[28] 이후 TV 애니메이션을 효율적으로 생산하기 위한 필요악으로 변해버린다. 극장 영화와는 비교도 안 되는 짧은 시간과 적은 예산으로 만들어야 했던 당시의 TV 애니메이션은 동화의 매수를 줄이기 위해 3프레임 촬영뿐 아니라 순환동화循環動畵나 뱅크 시스템bank system[29], 대화 립싱크リップ[30] 등 여러 기법에 의존하지 않을 수 없었다. 그리고 그 조건은 당연히 30년대 미국에서 제작된 작품과 비교하여 일본 애니메이션의 질을 극단적으로 떨어뜨리게 되었다. 그 상황은 당시의 비평가들에게도 견디기 어려운 것이었던 듯, 1966년에 출간된 고전적인 애니메이션 해설서에서도 이미 강하게 비판받고 있다.* 또 데즈카 자신이 그와 같은 제작환경에 일관되게 불만을 품고 있었다는 사실도 널리 알려져 있다.

일본의 애니메이션이 발달시킨 독특한 미학

그러나 여기에서 흥미로운 것은 이어지는 70년대에 일본 애니메이션 업계가 그 빈곤을 적극적으로 받아들여 오히려 독특한 미학을 발달시켰다는 것이다. 70년대의 애니메이션 작가들은 크게 표현주의와 이야기주의 둘로 나뉜다고 한다.** 전자는 오쓰카 야스오大塚康生[31], 미야자키 하야오宮崎駿[32], 다카하타 이사오高畑勲[33] 등 도에이 동화東映動畵 출신 작가들로, 기본적으로 풀 애니메이션 지향의, 움직임의 미학에 매료된

철완 아톰, 정글 대제(국내 제목 : 밀림의 왕자 레오), 리본의 기사(국내 제목 : 사파이어 왕자) 등이 그려져 있는 무시프로덕션 데즈카 오사무 애니메이션 주제가집 DVD
애니메이션 제작:무시프로덕션
DVD 발매:콜럼비아뮤직엔터테인먼트㈜

---

* 모리 다쿠야(森卓也)의 발언. 『애니메이션 입문』, 30~31쪽 참조.
** 오구로 유이치로(小黒祐一郎)와의 대화에서 시사를 받았다.

애니메이터들이다. 미야자키와 다카하타가 그 이상理想을 실현하는 것은 80년대 후반에 들어와서의 일이지만, 1968년에 제작된 〈태양의 왕자 호루스의 대모험太陽の王子 ホルスの大冒險〉 등 초기 작품에서도 이미 그 미학을 확연히 엿볼 수 있다. 이들의 방향은 이른바 디즈니나 플라이셔 형제의 전통을 따른 정통적인 애니메이션의 추구라고 할 수 있다.

다른 한편 그와는 별도로 린타로りんたろう34)나 야스히코 요시카즈安彦良和35), 도미노 요시유키富野由悠季36), 앞에서 언급한 가나다 요시노리 등, 리미티드 애니메이션이나 순환동화, 뱅크 시스템 등의 한계를 전제로 하면서 움직임의 미학과는 다른 방향으로 작품의 매력을 조직하려는 작가들도 있었다. 그 방향이란 구체적으로는 〈우주전함 야마토〉나 〈기동전사 건담〉〈환마대전幻魔大戰〉에서 이루어진 이야기나 세계관의 충실함, 야스히코나 스튜디오 누에スタジオぬえ37)가 선도한 세련된 일러스트레이션, 나아가 가나다가 개발한 특수한 연출 리듬과 화면 구성(정지화면止め絵의 미학) 등이다. 그리고 바로 이 후자의 흐름이 80년대 일본 애니메이션을 오타쿠계 문화의 중핵으로 끌어올림과 동시에 미국 애니메이션에서 멀리 떨어진 독자적인 미학을 가진 장르로 성장시켜간다.

즉 80년대 이후의 애니메이션을 '오타쿠적인 것' '일본적인 것'이게 하는 특징은 실은 미국에서 수입된 기법을 변형하고 그 결과를 긍정적으로 재수용함으로써 얻어진 것이다. 오타쿠적인 일본의 이미지는 이와 같이 2차대전 후의 미국에 대한 압도적인 열세를 반전시켜 그 열세야말로 우세라고 주장하는 욕망에 뒷받침되어 등장한다. 그것은 분명히 라디오나 자동차, 카메라의 소형화에 대한 열정과 마찬가지로 고도경제성장기의 국가적인 욕망을 반영하고 있다. 그리고 이와 같은 욕망은 지금도 오카다나 오쓰카나 무라카미 등 오타쿠계 문화를 높이 평가하는 논자들의 글에 공통적으로 보이는 것이다.

오타쿠들이 선호하는 일본적 의장意匠을 이와 같이 파악하면, 이 책의 첫머리에 언급한 오타쿠계 문화의 평가를 둘러싼 복잡한 상황의 이면에서도 미야자키 사건의 여파만이 아니라 더욱 깊은 집단심리의 존재를 확인할 수 있다. 정지화면의 미학뿐 아니라 오쓰카가 주목한 2차창작의 범람이나 〈시끌별 녀석들〉의 민속학적 세계 등 오타쿠계 문화의 '일본적'인 특징은 근대 이전의 일본에 소박하게 이어지는 것이 아니라 오히려 그와 같은 연속성을 괴멸시킨 2차대전 후의 미국주의(소비사회의 논리)에서 탄생했다고 생각하는 것이 옳다. 70년대에 코믹 마켓[39]을 패러디 만화로 가득 채웠던 욕망은 에도 시대의 정수라기보다 그 10년 전에 미국에서 팝아트를 낳은 욕망에 가까운 것이며, 〈시끌별 녀석들〉의 작품세계 또한 결코 민화의 연장선상에 있는 것이 아니라 SF와 판타지의 상상력이 굴절된 곳에 일본적인 의장이 스며든 것으로 파악하는 것이 자연스러울 것이다. 오타쿠계 문화의 근저에는 패전으로 인해 '좋았던 시절'의 일본이 망한 이후에 미국산 재료로 다시 의사 疑似적인 일본을 만들어내려고 하는 복잡한 욕망이 숨어 있는 셈이다.

따라서 그 모습은 많은 일본인에게 이율배반적인 감정을 품게 한다. 예를 들어 오타쿠계 소설이나 애니메이션에서는 무녀 巫女의 이미지가 일관되게 뿌리 깊은 인기가 있으며, 무녀의 의상을 입은 여성이 초능력을 쓰거나 사이보그가 되거나 우주선을 타거나 하는 작품이 무수히 생산되고 있다. 〈시끌별 녀석들〉의 사쿠라나 〈미소녀전사 세일러문 美少女戰士セーラームーン〉[40]의 세일러마스는 그중 하나이다.

이와 같은 이미지와 맞닥뜨렸을 때 어떤 세대 이하에서는 과도하게 고착하는 집단과 과도하게 반발하는 집단이 왠지 선명하게 나뉘는 경향이 있으며, 그 분열이 오타쿠계 문화에 대한 논의를 어렵게 하고 있다. 아마 그것은 일본적인 '무녀'와 서양적인 '마술'이라는 의장의 조합에 대한 반응이 '어느 정도 판타지가 과격해져도 여전히 거기에는 무녀가 존재한다'는 것에 친근감을 느끼는 타입과 '무녀 같은 순일본적인 존재조차도 판타지의 상상력에 침범당하고 있다'

미소녀전사 세일러문 DVD
애니메이션 제작:도에이동화
DVD 발매:도에이비디오(주)

는 것에 생리적인 혐오감을 품는 타입의 두 가지로 나뉘는
데 기인할 것이다. 즉 오타쿠들이 만들어낸 기묘하게 왜곡
된 '일본'의 이미지, 중학생의 교복을 입고 점성술을 외치며
마법의 지팡이를 든 무녀와 같은, 어떤 의미에서 엉망이며
추악한 상상력을 인정할 것인가 말 것인가 하는 것이 시험
받고 있는 것이다. 하이브리드hybrid적인 상상력을 '일본적인
것'이라고 잘라 말할 수 있으면 오타쿠계의 작품을 수용할
수 있고, 그렇지 않으면 오타쿠계의 작품은 도저히 감당하
지 못한다.

일본문화의 배경에 있는 패전의 상흔

오타쿠계 문화의 일본에 대한 집착은 전통을 바탕으로 성
립한 것이 아니라 오히려 그 전통이 소멸한 뒤에 성립한 것
이다. 바꾸어 말하면 오타쿠계 문화의 배후에는 패전이라는
심적 외상外傷, 즉 우리가 전통적인 주체성을 결정적으로 잃
어버렸다는 잔혹한 사실이 감춰져 있다. 오타쿠들의 상상력
을 '혐오스러운 것'이라고 거부하는 사람들은 실은 무의식
중에 그런 사실을 알아차리고 있는 것이다.

필자는 대체로 그렇게 생각하지만, 서브컬처의 현재를 이
야기하기 위해 50년도 훨씬 넘은 일을 끄집어내는 것에 당

혹해하는 독자가 있을지도 모르겠다. 그러나 2차대전의 상흔은 우리가 상상하는 것 이상으로 이 나라의 문화 전체를 규정하고 있다. 가령 미술평론가인 사와라기 노이椹木野衣는 전후 일본의 현대미술은 오랫동안 패전으로 규정된 '나쁜 장소' 안에서 움직이고 있으며, 작가 자신이 그 조건에 직면하기 시작한 것은 기껏해야 90년대 들어서의 일이라고 주장하고 있다.* 지금은 누구나 실감하고 있듯이, 80년대까지의 일본 사회는 패전과 그후의 경제성장이 낳은 모순의 많은 부분을 방치한 채로 90년대 이후로 해결을 미루어버렸다. 같은 현상이 표현의 여러 가지 장르에서도 반복되고 있다.

포스트모더니즘의 유행과 오타쿠계 문화의 신장

그리고 이와 같은 상황에 주의를 기울이면 오타쿠들이 의사疑似 일본에 집착하는 이유를 또다른 각도에서 확인할 수 있다. '오타쿠'라는 말이 사회적으로 알려진 것은 1989년이지만, 그 존재가 하나의 집단으로 의식되어 앞에서 말한 것과 같은 의사 일본적인 상상력이 널리 지지받기 시작한 것은 70년대에서 80년대에 걸쳐서의 일이다. 그리고 그것은

---

* 『일본, 현대, 미술』, 94쪽 이하.

일본에서는 '포스트모더니즘'이라 불리는 사조가 유행하기 시작한 시기와 거의 일치한다. 편집자인 나카모리 아키오中森明夫[41]가 오타쿠라는 말을 상업지에서 처음으로 쓰고 경제학자인 아사다 아키라浅田彰[42]가 포스트모더니즘의 바이블이 된『구조와 힘』을 출간한 것은 같은 1983년이었다.

여기에서 혼란이 없었으면 하는데, 이 '포스트모더니즘'이라는 것은 앞에서 말한 포스트모던과는 다른 개념이다. 포스트모던이란 70년대 이후의 문화적 세계를 막연하게 가리키는 말인 반면, 포스트모더니즘은 어떤 특정한 사상적 입장(이즘)을 가리키는 말이며 대상이 훨씬 좁다. 포스트모던의 시대에는 독특한 사상이 몇 가지 나타났는데 그중 하나가 '포스트모더니즘'이라 불리는 것이라고 생각하면 되겠다.

포스트모더니즘 사상은 60년대 프랑스에서 생겨나 70년대에 미국에서 성장하고 80년대에 일본에 수입되었다. 그것은 원래 구조주의, 마르크스주의, 소비사회론, 비평이론의 집적으로 이루어진 복잡하고 난해한 언설이며, 따라서 주로 대학 내에서 유통되는 것이었다. 그런데 그것이 일본에서는 80년대 중반 젊은 세대의 유행 사상으로서 오히려 대학 밖에서 인기를 얻었고, 이후 시대와 함께 잊혀졌다. 일본의 포스트모더니즘은 유행 사상으로서는 '뉴 아카데미즘'이라 불리는 경우가 많다. 따라서 일본에서 포스트모더니즘＝뉴 아카데미즘이 소멸한 뒤에도 영어권 대학에서는 그와 무관하게 포스트모더니즘이 연구되고 있으며 그후의 학문적 동향에도 영향을 미치고 있다. 이러한 사정에 대해서는 다른 논문에서 설명했으므로* 관심이 있는 독자는 그쪽을 참조했으면 한다. 어쨌든 여기에서는 포스트모더니즘의 내용은 그다지 중요하지 않다. 오히려 중요한 것은 일본에서 그 난해한 사상이 저널리스틱하게 유행해버렸다는 사실이다.

이 유행은 당시 이미 일부 비평가가 지적했던 것처럼** 80년대의 일본 사회에 만연해 있던 내셔널리즘과 관계가 있을 것이다. 당시 일본에서 유행한 포스트모더니즘의 언설은 '포스트모던적인 것'과 '일본적인 것'을 의도적으로 혼동해서 논하는 데 특징이 있었다. 당시의 포스트모더니스트가 즐겨한 주장은 요약하자면 다음과 같은 식이었다.

포스트모던화란 근대 이후에 오는 것을 의미한다. 그러나 일본은 애초에 충분히 근대화되어 있지 않다. 그것은 지금까지 결점이라고 간주되어왔지만, 세계사의 단계가 근대에서 포스트모던으로 이행하고 있는 현재에는 오히려 이점으

---

* 「포스트모던 재고(再考)」 참조. 이 논문은 필자의 개인 웹사이트에도 공개되어 있다(http://www.hirokiazuma.com/).

** 예를 들면 가라타니 고진(柄谷行人)의 지적. 『비평과 포스트모던』에 실린 표제논문을 참조.

로 바뀌고 있다. 충분히 근대화되어 있지 않은 이 나라는 거꾸로 가장 쉽게 포스트모던화할 수 있기 때문이다. 예를 들면 일본에서는 근대적인 인간관이 충분히 침투하지 않았기 때문에 거꾸로 포스트모던적인 주체의 붕괴에도 저항감 없이 적응할 수 있다. 그와 같이 21세기의 일본은 높은 과학기술과 난숙한 소비사회를 향수하는 최첨단의 국가로 변모해 갈 것이다……

근대=서구에 대하여 포스트모던=일본이 있고, 일본적인 것이 그대로 역사의 최첨단을 의미한다는 이 단순한 도식은 역사적으로는 2차대전 전에 교토 학파가 주장한 '근대의 초극'을 반복한 것이라고 할 수 있다. 그러나 그 발상은 동시에 당시의 경제적 환경을 짙게 반영하고 있는 것이기도 하다. 80년대 중반의 일본은 베트남 전쟁에서부터 이어지는 긴 혼란기에 있었던 미국과 대조적으로 어느 틈엔가 세계경제의 정점에 서서 거품경제시대에 이르는 짧은 번영의 입구에 이르러 있었다.

당시 일본의 포스트모더니스트는 프랑스의 철학자 알렉상드르 코제브를 즐겨 참조했는데, 이 선택만큼 그들의 욕망을 여실히 나타내고 있는 것은 없다. 2장에서 다시 한번 자세히 설명하겠지만, 이 철학자는 포스트모던에서 생각되는 사회 형태로 동물화한 미국형 사회와 스노비즘^{snobbism}으로 뒤덮인 일본형 사회의 두 유형을 거론한 것으로 알려져 있다. 그리고 거기에서 코제브는 일본에 대해 묘하게 호의적이며 서양인의 미국화=동물화보다 오히려 일본화=스놉화를 예측하고 있었다. 80년대의 일본인에게 당시 일본의 번영은 확실히 이러한 기대의 실현을 향해 가는 것으로 생각되었을 것이다.

이것은 바꾸어 말하면 당시의 일본 사회가 앞에서 이야기한 것과 같은 미국으로의 굴절을 표면적으로는 잊을 수 있었다는 것을 의미한다. 미국을 이긴 지금 미국주의의 일본 침투는 이미 생각하지 않아도 좋으며, 오히려 일본주의의 미국 침투를 생각해야 한다는 풍조가 포스트모더니즘의 사상적 유행을 뒷받침하고 있었던 것이다. 오타쿠계 문화의 신장에도 같은 요인이 작동하고 있다. 오타쿠들이 고집하는 일본의 이미지는 미국산의 가짜에 지나지 않지만, 이상과 같은 분위기는 확실히 그 기원을 잊게 해주는 것이기 때문이다.

일본이 최첨단이라는 환상

그와 같은 자기 긍정적인 시대의 분위기에 민감하게 반응한 오타쿠계 작품으로 1985년에 제작된 이시구로 노보루石黑昇 원작, 감독의 애니메이션 〈메가존23 メガゾーン23〉[43]을 들 수 있을

것이다. 이 작품은 당시의 도쿄가 실은 모두 미래의 우주선 안에 만들어진 허구이며 컴퓨터가 만들어낸 가상현실이라는 설정을 도입하고 있다. 그리고 이야기는 주인공이 그 허구성을 깨닫고 그 닫힌 공간을 탈출하려 몸부림침으로써 앞으로 나아간다. 이 설정 자체도 흥미롭지만 더욱 주목해야 하는 것은 이야기의 후반에 주인공이 그 허구를 만들어내는 컴퓨터에게 왜 80년대 도쿄를 무대로 택했는지 그 이유를 캐묻는 부분이다.

다소 메타픽션적인 이 질문에 대해 컴퓨터는 '그 시대가 사람들에게 가장 평화로운 시대였기 때문'이라고 대답한다.* 아마도 그 대사는 오타쿠들뿐 아니라 당시 도쿄에 사는 많은 젊은이들의 공통감각을 전하는 것이었음에 틀림없다. 80년대의 일본에서는 모든 것이 허구였지만, 그 허구는 허

---

* 실은 이 작품은 80년대 일본에서 정치적인 상상력이 얼마나 공전(空轉)하고 있었는지를 이해하는 데에도 대단히 시사적인 플롯을 함축하고 있다. 〈메가존23〉의 도쿄는 본문에서도 언급했듯이 우주선의 컴퓨터에 의해 만들어진 허구에 지나지 않는다. 그것이 밝혀지는 것은 우주선의 외부에서 '적'이 도래해 그 적에 대항하기 위해 '군(軍)'이 컴퓨터를 장악했기 때문이다. 그러나 그 '군'은 적이 바깥의 우주에서 도래한 것이라는 사실을 도쿄 도민에게 밝히지 않고 철저히 '어떤 나라'와의 전쟁이라고 속이기를 계속한다. 이와 같은 추상적인 설정은 작품의 정치적인 메시지(우경화 비판)가 분명하기 때문에 오히려 당시 사람들의 상상력의 성질을 분명하게 보여주고 있는 것이다. 80년대 중반의 일본은 확실히 우경화하고 있었으며 그것은 90년대까지 계속되고 있다. 그러나 그 우경화가 무엇에 대한 것인지, 누가 '적'으로 도래했으며 거기

구가 계속되는 동안은 살기 쉬운 것이었다. 필자는 그 부유감浮遊感이 언설로 표출된 것이 포스트모더니즘의 유행이며, 그것이 서브컬처에서 표출된 것이 오타쿠계 문화의 신장이었다고 파악하고 있다.

그와 같은 부유감은 새삼 말할 것도 없이 거품경제의 붕괴를 비롯해 한신阪神·아와지淡路 대지진, 옴 진리교 사건, 원조교제와 학급붕괴가 잇달아 화제가 된 90년대에는 거의 소멸해버렸다. 그러나 오타쿠계 문화의 주변에는 그 환상이 예외적으로 계속 남아 있었던 것으로 생각된다. 왜냐하면 애니메이션이나 게임이 세계적 평가를 획득하고 또 그 강력함이 일반에게 알려지게 된 것은 확실히 90년대에 들어와서의 일이기 때문이다.

실제로 90년대 후반 오타쿠계 논객의 주장은 예전의 포스트모더니즘의 언설을 아는 독자에게는 그리움조차 느끼게 하는 독특한 고루함을 지니고 있다. 예를 들면 오카다는 "오타쿠 문화가 세계의 주류가 되어가고 있는 것은 아닌가"라고, 또 무라카미는 "일본은 세계의 미래일지도 모른다"고 쓰고

에서 이익을 얻는 것은 누구인지, 이미 비판하는 쪽도 알 수 없게 되어 있었다. 따라서 〈메가존23〉의 제작자들은 그들이 느낀 현실적인 위기의식을 비현실적인 설정을 통해 나타낼 수밖에 없었던 것이다. 우주선의 외부에서 적이 찾아온다는 추상적인 설정이 가장 리얼한 것으로 느껴지는 그러한 기묘한 분위기가 80년대에는 존재했다.

있는데, 이들의 발언은 실은 "근래 300년, 500년 사이에 지금처럼 일본주의가 트렌디한 시대는 없었다. 이건 우키요에浮世繪 이상이 아닌가"라는 1985년의 사카모토 류이치坂本龍一44)의 발언과 한없이 닮아 있다.* 오타쿠계 문화를 둘러싼 언설은 이 점에서 90년대에도 변함없이 80년대의 부유감을 계승해 감미로운 내셔널리즘을 계속 살아왔다고 해도 좋다.

미국산 재료로 만들어진 의사疑似 일본

따라서 오타쿠계 문화와 '일본'의 관계는 집단심리적으로 크게 두 방향으로 갈라져왔다고 할 수 있다. 오타쿠계 문화의 존재는 한편으로 패전의 경험과 연결되어 있으며, 우리의 주체성의 취약함을 여지없이 보여주는 끔찍한 것이다. 왜냐하면 오타쿠들이 만들어낸 '일본적'인 표현이나 주제는 실은 모두 미국산 재료로 만들어진 이차적이고 기형적인 것이기 때문이다. 그러나 그 존재는 다른 한편으로 80년대의 내셔널리즘과 연결되어 세계의 최첨단에 선 일본이라는 환상을 가져다주는 페티시이기도 하다. 왜냐하면 오타쿠들이 만들어낸 의사疑似 일본적인 독특한 상상력은 미국산 재료로

---

* 『오타쿠학 입문』, 230쪽 이하; 『슈퍼 플랫』, 권두언; 『E. V. cafe』, 351쪽.

출발해 지금은 그 영향을 의식하지 않아도 되는 독립된 문화로까지 성장했기 때문이다.

오타쿠계 문화에 대한 과도한 적의와 과도한 상찬은 둘 다 여기에서 비롯된 것인데, 결국 양자의 근저에 있는 것은 우리의 문화가 패전 후 미국화와 소비사회화의 물결에 의해 뿌리째 변해버렸다는 것에 대한 강렬한 불안감이다. 지금 우리 수중에 있는 것은 이미 '미국산 재료로 만들어진 의사 일본' 밖에 없다. 우리는 패밀리레스토랑이나 편의점이나 러브호텔을 통하지 않고서는 일본의 도시풍경을 생각할 수 없으며, 또 그 빈곤함을 전제로 하여 왜곡된 상상력을 오랫동안 가동시키고 있다. 그 조건을 받아들일 수 없으면 오타쿠 혐오가 되고, 반대로 그 조건에 과도하게 동일시하면 오타쿠가 되는 그러한 메커니즘이 이 나라의 서브컬처에서 작동하고 있는 것이다. 그렇기 때문에 특정 세대 이하의 사람들은 대개 오타쿠 선호인지 혐오인지가 분명히 나눠지는 것이다.

오타쿠들이 좋아하는 의사 일본의 모습에 대해 마지막으로 하나만 더 알기 쉬운 예를 들어보자. 1996년부터 1997년에 걸쳐 방영된 아카호리 사토루ぁゕほりさとる[45] 원작의 TV 애니메이션 〈세이버 마리오네트 Jセイバ·マリオネット J〉는 언뜻 보아 값싼 좌충우돌 SF 코미디인데, 그 때문에 오히려 오타쿠적인 환상의 구조를 잘 반영한 흥미로운 작품이었다.

이 작품의 무대는 남성밖에 없는 가공의 혹성이다. 거기에는 여성은 안드로이드밖에 없으며 '마리오네트'라 불리고 있다. 한편 남성들도 실은 모두 몇 명의 오리지널에서 만들어진 클론에 지나지 않는다. 오리지널을 공유하는 클론 집단은 각각 직계 클론의 통치를 받는 서로 다른 도시국가를 이루고 있다. 〈세이버 J〉는 그중에서 에도江戸를 모방해 만든 도시 '자포네스'를 무대로, 주인공 남성과 우연한 계기로 '마음'을 품고 만 세 대의 특수한 마리오네트들을 중심으로 진행된다.

그 세 대의 마리오네트의 역할은 처음에는 주인공에게도 시청자에게도 숨겨져 있다. 그러나 이야기 속에서 조금씩 설정이 밝혀진다. 작품세계의 혹성은 지구인의 식민성植民星이며, 원래는 여성도 있었을 것이었다. 여성이 없는 것은 식민선植民船의 컴퓨터 고장이 원인으로, 식민선에 타고 있던 유일한 여성은 지금도 냉동수면으로 보존되어 혹성의 상공을 돌고 있다. 그러나 그 여성을 해동해 혹성에 내려놓기 위해서는 그녀를 독점하여 보호하고 있는 미친 컴퓨터를 어떻게든 속여야만 한다. 그 때문에 인간의 '마음'에 한없이 가까운 의사疑似적 프로그램을 성장시켜 여성 대신으로 보낸다는 계획이 세워졌다. 그 '마음'은 어디까지나 눈속임이므로 진실한 마음과 교환하려면 세 개가 존재해야 한다. 등장하는 마리오네트들은 그 프로그램을 성장시키기 위해 만들어진 것이다. 즉 그녀들은 실은 단순한 대용품이 아니라 오리지널과 교환하기 위해 만들어진 복제, 인간 여성을 다시 강림시키기 위한 희생물이었던 것이다. 이 사실을 알면서부터 주인공의 갈등이 시작된다. 즉 이 작품의 주제는 '가짜 인격밖에 갖고 있지 않지만 오랫동안 옆에 있었던 마리오네트'와 '진실한 인격을 가진 듯하지만 본 적도 들은 적도 없는 타인' 중 어느 쪽을 선택할 것인가, 진짜로 보이는 가짜와 본 적 없는 진짜 중 어느 쪽을 선택할 것인가 하는 양자택일이다.

이 설정은 커뮤니케이션 일반의 문제뿐 아니라 오타쿠들의 세계관을 아주 잘 우화화하고 있다. 어디까지나 상상력을 통해서일 뿐이지만 충분히 성적이며 또 충분히 감정이입이 가능한 캐릭터가 가까이에 존재한다. 한편 멀리에는 현실의 이성이 있지만, 그것은 인공위성처럼 손이 닿지 않는 것이며 비록 손이 닿는다 해도 그때는 오랫동안 쌓아올린 캐릭터에 대한 감정이입을 교환조건으로 버리지 않으면 안 된다. 이 양자택일의 느낌은 다음 장에서 자세히 분석할 '캐릭터 모에キャラ萌え'[46]에 구동된 90년대의 오타쿠들, 특히 미소녀 게임ギャルゲー[47](이것에 대해서는 후술하겠다)이나 피규어의 커다란 붐을 맞이한 남성 오타쿠들에게는 상당히 실제에 가까운 것이었으리라 생각된다.

에도江戶의 조닌町人 문화라는 환상

그리고 이 장의 문맥상 여기에서 주목해야 하는 것이, 그 오타쿠들의 환상이 영위되는 장소가 에도 시대의 조닌 문화를 모방한 일종의 테마파크같이 그려져 있다는 점이다. 앞에서 말한 코제브를 비롯해 일본의 에도 시대는 종종 역사의 흐름이 멈춰 자폐적인 스노비즘이 발달한 시대로 표상되어왔다. 그리고 쇼와昭和, 1926~1989 말기의 일본은 '쇼와 겐로쿠昭和元禄' 48)라는 표현이 있듯이 자기들의 사회를 즐겨 에도 시대에 비유했다. 포스트모더니스트들의 에도 론論은 80년대에 몇 번이나 미디어를 흔들어놓았다.

이 욕망의 메커니즘은 이해하기 쉽다. 일본의 문화적인 전통은 메이지明治 유신과 패전으로 두 번 단절되었다. 게다가 전후에는 메이지 유신에서 패전까지의 기억이 정치적으로 큰 억압을 받았다. 따라서 80년대의 내셔널리스틱한 일본이 만약 패전을 잊고 미국의 영향을 잊으려고 한다면 에도 시대의 이미지로까지 되돌아가는 것이 가장 손쉽다. 오쓰카나 오카다의 오타쿠론을 비롯해 에도 시대가 실은 포스트모던을 선취하고 있었다는 식의 논의가 자주 나타나는 배경에는 그와 같은 집단심리가 존재한다.

　따라서 거기에 나타나는 '에도'도 또한 현실의 에도가 아니라 미국의 영향에서 빠져나오기 위해 만들어진 일종의 허구인 경우가 많다. 〈세이버 J〉가 그리는 자포네스는 바로 그와 같은 포스트모더니스트=오타쿠들의 석연찮은 에도적인 상상력을 체현하고 있다. 초근대적인 과학기술과 전근대적인 생활습관을 뒤섞어 설정된 그 광경은 완전히 리얼리티를 결여하고 있다. TV 애니메이션의 성격상 등장인물은 강한 데포르메deformer[49]로 디자인되어 과도하게 비현실적인 감정표현을 한다. 자포네스 성城은 변형하여 로봇이 되고, 마리오네트들의 의상도 일본 전통의상과 비슷하기는 하지만 섹슈얼 어필을 강조하기 위해 곳곳에 변형이 가해진 결과 마치 이미지 클럽[50]의 의상처럼 되어 있다. 저예산으로 제작된 애니메이션이어서인지 영상적으로도 같은 셀화セル畵[51]를 여러 번 쓰는 일이 많고, 주인공 이외의 남성들은 몇 명을 빼고는 거의 구별되어 그려지지 않는다. 게다가 이야기의 대부분은 좌충우돌 코미디이며 진지한 설정과는 어긋나 있다. 이야기로도 영상으로도, 여기에는 어떠한 깊이도 없고 어떠한 일관성도 없다. 그러나 그것은 어떤 의미에서 오타쿠적인 의사 일본의 회화戱畵이며 또 현대 일본의 문화상황의 회화이기도 하다. 제작자들이 그와 같은 메시지를 자각적으로

담았다고는 생각하지 않지만, 필자는 이와 같은 점에서 〈세이버 J〉가 오타쿠계 문화의 특징을 멋지게 반영한 숨은 가작이라고 생각한다.

오타쿠계 문화의 중요성

지금까지의 논의에서도 분명해진 바와 같이 오타쿠계 문화에 대한 검토는 이 나라에서는 결코 단순한 서브컬처의 기술에 그치지 않는다. 거기에는 실은 일본의 전후처리, 미국의 문화적 침략, 근대화와 포스트모던화가 가져온 왜곡이라는 문제가 모두 들어 있다. 따라서 그것은 또한 정치와 이데올로기의 문제와도 깊이 관련되어 있다. 예를 들면 냉전붕괴 후 지금까지 12년간 고바야시 요시노리小林よしのり[52]나후쿠다 가즈야福田和也[53]에서 도리하다 미노루鳥肌実[54]에 이르기까지 일본의 우익적 언설은 일반적으로 서브컬처화하고가짜fake화하고 오타쿠화함으로써 살아남아왔다고 할 수 있다. 따라서 서브컬처의 역사를 이해하지 않고 주장만을 쫓아서는 그들이 지지를 받아온 이유는 결코 파악할 수 없다. 필자는 이 문제에도 큰 관심을 가지고 있으며, 언젠가 기회가 있으면 본격적으로 논해보고 싶은 생각도 있다.

그러나 그것은 이 책의 주제는 아니다. 이 책에서 필자의 관심은 오타쿠계 문화의 또다른 특징에 있으며, 그것은 일본이라는 틀을 넘어 보다 커다란 포스트모던의 흐름과 호응하고 있다. 오타쿠계 문화에 대해 생각하는 것의 중요성을 이해한 지점에서, 이제 본론에 들어가기로 하자.

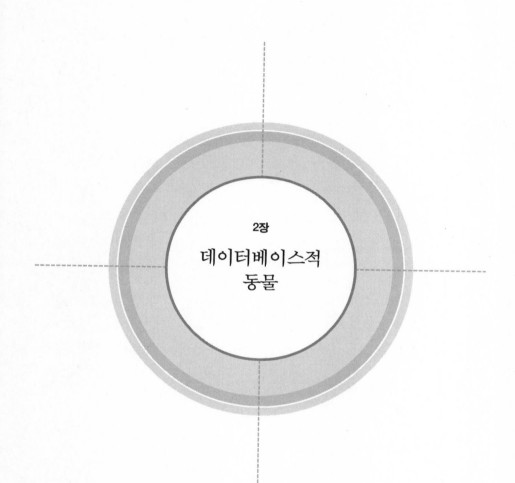

2장

데이터베이스적
동물

1. 오타쿠와 포스트모던

시뮬라크르의 증식

오타쿠계 문화의 본질과 포스트모던의 사회구조 사이에 깊은 관계가 있다는 필자의 주장은 그것만으로는 그다지 새로운 것이 아니다. 오타쿠계 문화의 포스트모던적 특징으로는 이미 다음 두 가지 점이 지적되고 있다.

하나는 '2차창작'의 존재이다. 2차창작이란 원작 만화, 애니메이션, 게임을 주로 성적(性的)으로 다시 읽어 제작되고 매매되는 동인지나 동인 게임, 동인 피규어 등의 총칭이다. 그들은 주로 연 2회 도쿄에서 개최되는 코믹 마켓이나 전국에서 보다 소규모로 무수히 개최되는 판매전, 또 인터넷 등을 통해 활발하게 매매가 이루어지고 있다. 아마추어 베이스라고는 하지만 최근 20년간 그 시장은 양적으로나 질적으로 오타쿠계 문화의 중핵을 차지하고 있으며, 대량의 부수가 움직이고 수많은 프로 작가가 거기에서 자라나고 있다. 오타쿠계 문화의 동향은 산업 베이스로 발표되는 작품이나 기획뿐 아니라 그들 아마추어 베이스의 2차창작까지 시야에 넣지 않으면 파악할 수 없다.

이 특징이 포스트모던적이라고 생각되는 것은 오타쿠들의 2차창작에 대한 높은 평가가 프랑스의 사회학자 장 보드리야르Jean Baudrillard가 예견한 문화산업의 미래에 매우 가깝기 때문이다. 보드리야르는 포스트모던 사회에서는 작품이나 상품의 오리지널과 복제copy의 구별이 약해져 그 어느 쪽도 아닌 '시뮬라크르'라는 중간 형태가 지배적이 된다고 예측했다.* 원작과 패러디를 같은 가치로 소비하는 오타쿠들의 가치판단은 확실히 오리지널도 복제도 없는 시뮬라크르의 수준에서 작동하고 있는 것으로 생각된다.

더구나 그 변화는 소비자 측에 그치지 않는다. 상업지에서 수백만 부를 파는 작가가 스스로 자기 작품의 2차창작을 제작하고 발매하는 예는 지금은 진기한 것이 아니다. 예를 들어 〈세일러문〉의 원작자[1]가 코믹 마켓에 출품했었다는 사실은 널리 알려져 있다. 또 엄밀히 말하면 2차창작은 아니지만 〈에반겔리온〉의 제작회사[2]는 스스로 본편의 패러디적인

---

* 보드리야르의 '시뮬라크르' 개념에 대해서는 1976년의 『상징교환과 죽음』 및 1981년의 『시뮬라크르와 시뮬라시옹』 두 권을 참고할 수 있다. 두 권 모두 번역판을 쉽게 구할 수 있으므로 흥미가 있는 독자는 일독하기 바란다.

소프트를 몇 개나 발매한 바 있다. 거기에서는 이미 생산자에게조차 오리지널과 복제의 구별이 사라져 있다. 이와 같은 사실에 덧붙여, 원래 오타쿠계 장르에서는 리얼리즘의 의식이 희박해 원작 작품조차도 선행 작품의 모방이나 인용으로 만들어지는 일이 많다는 사실도 들 수 있다. 현실세계를 참조하지 않고 처음부터 선행 작품의 시뮬라크르로서 원작이 만들어지고, 나아가 그 시뮬라크르의 시뮬라크르가 동인활동에 의해 증식되고 소비되어간다. 오타쿠계 문화의 작품은 근대적인 한 사람의 작가에 의해서가 아니라 그와 같은 무수한 모방이나 표절의 연쇄 속에서 생겨나고 있는 셈이다.

커다란 이야기의 조락

또하나는 오타쿠들의 행동을 특징짓는 허구 중시의 태도이다. 그 태도는 단순히 그들의 취미만이 아니라 인간관계까지 결정하고 있다. 오타쿠들의 인간관계는 친족관계나 직장과 같은 사회적 현실(이라 불리는 것)과는 관계없이 애니메이션이나 게임과 같은 허구를 중핵으로 하는 다른 종류의 원리로 결정되는 일이 적지 않다. 그러한 행동은 오타쿠 이전의 세대들에게는 모라토리엄이나 퇴행으로밖에 보이지 않기 때문에 여기에서 때때로 알력이 생기게 된다.

'오타쿠'라는 총칭은 70년대에서 80년대에 걸쳐 오타쿠들이 서로를 '오타쿠'라고 불렀던 데에서 비롯되었다. 비평가인 나카지마 아즈사^{中島梓3)}는 『커뮤니케이션 부전^{不全} 증후군』에서 그 호칭에 이미 오타쿠의 본질이 확연히 드러나 있다고 논하고 있다. "오타쿠라는 말은 그 관계가 개인적인 것이 아니라 집 단위의 관계라는 것, 즉 자신의 영역을 등에 짊어지고 있는 것이라고 주장하는 것"이라고 그녀는 기술하고 있다. 나카지마에 의하면 그와 같은 영역이 필요한 것은, 아버지나 국가의 권위가 실추하긴 했지만 그래도 오타쿠들이 스스로 귀속해야 할 집단을 찾아야 하기 때문이다. 오타쿠들이 "커다란 종이봉투에 산더미 같은 책이나 잡지나 동인지, 또는 기사 스크랩 등을 가득 채워 소라게의 이동을 방불케 할 만큼 어디나 가지고 다니"는 것은 그들이 항상 '자아의 껍데기'를, 즉 귀속집단의 환상 그 자체를 들고 다니지 않으면 정신적으로 안정되지 않기 때문이다.* '오타쿠'라는 이인칭에는 그와 같은 귀속집단의 환상을 서로 승인하는 역할이 주어져 있다. 나카지마의 이 지적은 중요하다. 오타쿠들은 확실히 사회적 현실보다 허구를 더 중시한다. 저널리

---

* 『커뮤니케이션 부전(不全) 증후군』, 44, 49쪽.

즘은 종종 이런 관찰로부터 안이하게 오타쿠들은 현실과 게임을 구별하지 못한다고 결론을 내리고 있다.

그러나 그와 같은 결론은 현명한 것이 못 된다. 오타쿠들이 모두 정신병자가 아닌 이상 허구와 현실을 구별하지 못한다는 일은 있을 수 없다. 오히려 그 선택은 나카지마의 설명처럼 그들의 주체성과 관계가 있다. 오타쿠들이 사회적 현실보다도 허구를 택하는 것은 양자를 구별하지 못해서가 아니라, 사회적 현실이 부여하는 가치규범과 허구가 부여하는 가치규범 중 어느 쪽이 그들의 인간관계에 유효한가 하는, 예를 들어 아사히^{朝日} 신문을 읽고 선거에 가는 것과 애니메이션 잡지를 한 손에 들고 판매전에 줄을 서는 것 중 어느 쪽이 친구들과의 커뮤니케이션을 보다 원활하게 할 수 있느냐 하는 그 유효성을 저울질한 결과이다. 그런 한에서 사회적 현실을 택하지 않은 그들의 판단이야말로 현재의 일본에서는 오히려 사회적으로 현실적이라고까지 말할 수 있다. 오타쿠들이 취미의 공동체에 갇히는 것은 그들이 사회성을 거부하고 있기 때문이 아니라 오히려 사회적인 가치규범이 잘 기능하지 않아 다른 가치규범을 만들 필요에 이르고 있기 때문이다.

그리고 이 특징이 포스트모던적이라고 할 수 있는 것은, 하나의 커다란 사회적 규범이 유효성을 잃고 무수한 작은 규범의 밀림으로 교체되는 그 과정이 바로 프랑스의 철학자 장 프랑수아 리오타르Jean-Franois Lyotard가 처음으로 지적한 '커다란 이야기의 조락'에 대응한다고 생각되기 때문이다.* 18세기 말부터 20세기 중반까지의 근대국가에서는 성원들을 하나로 묶어내기 위한 여러 가지 시스템이 정비되고 그 작동을 전제로 사회가 운영되어왔다. 그 시스템은 예를 들어 사상적으로는 인간이나 이성의 이념으로, 정치적으로는 국민국가나 혁명 이데올로기로, 경제적으로는 생산의 우위로 표출되어왔다. '커다란 이야기'란 그 시스템들의 총칭이다.

근대는 커다란 이야기가 지배한 시대였다. 그에 비해 포스트모던에서는 커다란 이야기가 여기저기에서 기능부전을 일으키고 사회 전체의 결속이 급속히 약화된다. 일본에서 그 약화는 고도경제성장과 '정치의 계절'이 끝나고 석유 파동과 연합적군사건4)을 거친 70년대에 가속화되었다. 오타쿠들이 출현한 것은 바로 그 시기이다. 그와 같은 관점에서 보면 쓰레기junk 같은 서브컬처를 재료로 신경증적으로 '자

---

* '커다란 이야기의 조락'에 대한 가장 기초적인 저서는 1979년의 『포스트모던의 조건』이다. 이 책의 분석은 주로 학문세계의 변화를 대상으로 하고 있지만, 그후 리오타르의 이 말은 여러 가지로 확대해석되어 70년대 이후의 세계의 특징을 파악하는 편리한 개념으로 유통되었다. 이 책에서 '커다란 이야기'라고 할 때는 리오타르 고유의 개념이라기보다 그런 여러 가지 확대해석도 포함한 넓은 개념으로 쓰고 있다.

아의 껍데기'를 만들어내는 오타쿠들의 행동양식은 확실히 커다란 이야기의 실추를 배경으로 하고 있으며, 그 공백을 메우기 위해 등장한 행동양식이라는 사실을 잘 알 수 있다.

이 점에서도 또 한 사람 참고가 되는 오타쿠론을 전개하고 있는 것이 사회학자인 오사와 마사치大澤眞幸이다. 그는 1995년의 「오타쿠론」에서 오타쿠들에게는 내재적 타자와 초월적 타자의 구별이 '실조失調'되어 있으며, 그 때문에 그들은 오컬트occult나 신비사상에 깊이 빠져드는 것이라고 분석하고 있다.* 여기에서 '내재적 타자와 초월적 타자의 구별'이라는 것은 쉽게 말해 자신의 주변에 있는 타인의 세계(경험적 세계)와 그들을 초월한 신의 세계(초월적 세계)의 구별을 의미한다. 오타쿠들은 그 양자를 구별하지 못해 그 결과 서브컬처를 제재로 한 의사疑似 종교에 쉽게 걸려들고 만다. 그와 같은 실조는 근대사회에서는 개인이 미성숙한 탓이라고 무시할 수 있었겠지만, 포스트모던 사회에서는 그렇게 간단하지 않다. 왜냐하면 우리가 살고 있는 이 사회 자체가 커다란 이야기의 실조로 특징지을 수 있기 때문이다. 전통이 뒷받침된 '사회'나 '신'의 크기를 잘 파악하지 못하고 그 공백을 가까운 서브컬처로 메우려고 하는 오타쿠들의 행동양

* 『전자 미디어론』, 259쪽 이하.

식은 포스트모던의 그와 같은 특징을 잘 반영하고 있다.

오타쿠계 문화는 이와 같이 시뮬라크르의 전면화와 커다란 이야기의 기능부전이라는 두 가지 점에서 포스트모던한 사회구조를 잘 반영하고 있다. 이 두 가지 점에 대해서는 앞에서 이야기한 것 외에도 여러 곳에서 거듭 논의되고 있어 새삼스럽게 덧붙일 내용은 그다지 없을 것 같다. 따라서 이 장에서 필자는 이 둘을 전제로 다음과 같은 두 가지 의문을 실마리로 오타쿠계 문화의, 더 나아가서는 거기에 응축된 포스트모던 사회의 특징에 대하여 고찰해나가려 한다.

그 두 가지 의문이란 아래와 같다.

(1) 포스트모던에서는 오리지널과 복제의 구별이 소멸하고 시뮬라크르가 증가한다. 그렇다면 그 시뮬라크르는 어떻게 증가하는 것일까? 근대에서 오리지널을 창출하는 것이 '작가'였다면, 포스트모던에서 시뮬라크르를 창출하는 것은 무엇일까?

(2) 포스트모던에서는 커다란 이야기가 실조되고 '신'이나 '사회'도 쓰레기junk 같은 서브컬처에서 날조될 수밖에 없어진다. 그렇다면 그 세계에서 인간은 어떻게 살아가는 것일까? 근대에서는 신이나 사회가 인간성을 보증

하며 구체적으로는 종교나 교육기관이 그 실현을 맡고 있었다면, 그 양자의 우위가 실추된 후에 인간의 인간성은 어떻게 되는 것일까?

2. 이야기 소비

『이야기 소비론』

　첫번째 물음에서 출발하자. 여기에서 필자가 우선 주목하고 싶은 것은 앞에서도 참조한 오쓰카 에이지大塚英志의 『이야기 소비론』이다. 거기에서 오쓰카는 앞에서 말한 바와 같은 시뮬라크르의 전면화를 전제로 한 뒤, 나아가 그 시뮬라크르가 어떠한 논리에 따라 생산되고 소비되고 있는가에 대해 한 발 더 들어간 분석을 행하고 있다. 앞으로 이 내용이 계속 거론될 것이므로 상세하게 인용해두자.

　만화든 완구든 그 자체가 소비되는 것이 아니라 이런 상품들을 그 부분으로 갖는 '커다란 이야기' 혹은 질서가 상품의 배후에 존재함으로써 개별 상품이 비로소 가치를 가지고 소비되는 것이다. 그리고 이와 같은 소비행동을 반복함으로써 자신들이 '커다란 이야기'의 전체상에 가까워진다고 소비자가

믿게 함으로써 같은 종류의 무수한 상품(〈빗쿠리만ﾋﾞｯｸﾘﾏﾝ〉 스티커의 경우는 772장)이 팔리게 된다. 〈기동전사 건담〉〈세 인트 세이야聖鬪士星矢〉〈실바니아 패밀리ｼﾙﾊﾞﾆｱﾌｧﾐﾘｰ〉〈오냥 코 클럽おニャン子クラブ〉[5] 같은 상품은 모두 이 메커니즘에 따라 배후에 '커다란 이야기' 혹은 질서를 마련해두고 이것을 소비 자가 알아차리게 함으로써 구체적인 '물건'을 파는 것으로 연 결시키고 있다.

　(……)

　프로그램 자체에 대한 관심이 특정한 마니아에 한정되어 있는 동안은 문제가 없었지만, 애니메이션이나 만화, 완구 같은 한정된 분야와 관련해서는 이것이 분명히 소비자의 공 통감각이 되어가고 있는 것이 현재의 실정이다. 여기에서 오 늘날의 소비사회가 맞이하고 있는 새로운 국면을 확인할 수 있다. 소비되고 있는 것은 하나하나의 '드라마'나 '물건'이 아니라 그 배후에 감추어져 있을 시스템 그 자체인 것이다. 그러나 시스템(=커다란 이야기) 자체를 팔 수는 없으므로 그 한 단면인 한 회분의 드라마나 한 단편으로서의 '물건'을 겉보기로 소비하게 한다. 이와 같은 사태를 나는 '이야기 소 비'라고 이름 붙이고 싶다.

　(……)

　그러나 이와 같은 '이야기 소비'를 전제로 하는 상품은 극히 위험한 측면을 지니고 있다. 즉 소비자가 '작은 이야기'의 소비를 계속한 끝에 '커다란 이야기' 즉 프로그램 전체를 손에 넣게 되면 그들은 스스로의 손으로 '작은 이야기'를 자유롭게 만들어낼 수 있게 된다. 예를 들면 다음과 같은 케이스를 생각할 수 있을 것이다. 저작권자인 제작사의 허락을 받지 않고 누군가가 '수퍼 제우스'로 시작하는 772장의 빗쿠리만 스티커 중 한 장을 그대로 복사한 스티커를 만든다면 이것은 범죄이다. 이렇게 만들어진 스티커는 '가짜'이다. 이것은 지금까지 얼마든지 있었던 사건이다. 그런데 같은 사람이 '빗쿠리만'의 '세계관'에 따라 이것과 정합성을 가지면서 772장의 스티커에 그려져 있지 않은 773명째의 캐릭터를 만들어내어 이것을 스티커로 판다면 어떻게 될까? 이것은 772장의 오리지널 중 어느 것도 복사한 것이 아니다. 따라서 그런 의미에서는 '가짜'가 아니다. 더구나 773장째의 스티커로서 772장과의 정합성을 갖고 있는 셈이니 오리지널인 772장과도 동등한 가치를 가진다. '이야기 소비'의 위상에서는 이와 같은 개별 상품의 '진짜' '가짜'의 구별이 불가능한 케이스가 발생하는 것이다.*

---

* 『이야기 소비론』, 13~14, 17~19쪽.

트리^{tree}형 세계에서 데이터베이스^{database}형 세계로

오쓰카는 여기에서 '작은 이야기'라는 말을 특정한 작품 속에 있는 특정한 이야기를 의미하는 것으로 쓰고 있다. 이와는 달리 '커다란 이야기'란 그와 같은 이야기를 지탱하고 있지만 이야기의 표면에는 드러나지 않는 '설정'이나 '세계관'을 의미한다.

그리고 오쓰카에 따르면 오타쿠계 문화에서 개개의 작품은 그 '커다란 이야기'의 입구로서 기능하고 있는 데 지나지 않는다. 소비자가 진정으로 평가하고 구매하는 것은 설정이나 세계관인 것이다. 하지만 실제로는 설정이나 세계관을 그대로 작품으로 팔기는 어렵다. 따라서 현실적으로는 실제 상품은 '커다란 이야기'임에도 불구하고 그 단편인 '작은 이야기'가 겉보기 작품으로 팔리는 이중전략이 유효하게 된다. 오쓰카는 이 상황을 '이야기 소비'라고 했다. 2차창작이라는 시뮬라크르의 범람은 그 당연한 결과에 지나지 않는다.

이 지적은 사실 서브컬처의 상황분석뿐 아니라 포스트모던의 원리론으로서도 시사적이다. 여기서 간단히 설명해두자면, 포스트모던이 도래하기 전의, 커다란 이야기가 기능한 근대란 대개 그림1a 같은 트리 모델(투사 모델)로 세계가 파악되고 있던 시대이다. 한편에는 우리의 의식에 비치는 표층적인 세계가 있고, 다른 한편으로 표층을 규정하고 있는 심층 즉 커다란 이야기가 있다. 따라서 근대에서는 그 심층의 구조를 밝히는 것이 학문의 목적이라고 생각되었다.

그런데 포스트모던의 도래에 의해 그 트리형 세계상은 붕괴되어버렸다. 그렇다면 포스트모던의 세계는 어떠한 구조를 이루고 있는가? 80년대 일본에서는 그 하나의 후보로 심층이 소멸하고 표층의 기호만이 다양하게 결합해가는 '리좀'이라는 모델이 많이 제시되었다.* 그러나 필자의 생각으로는 포스트모던의 세계는 오히려 그림1b와 같은 데이터베이스 모델(읽어내기 모델)로 파악하는 편이 더 이해하기 쉽다.

그 알기 쉬운 예가 인터넷이다. 거기에는 중심이 없다. 즉 모든 웹페이지를 규정하는 감춰진 커다란 이야기가 존재하지 않는다. 그러나 또한 그것은 리좀 모델과 같은 표층적 기호의 조합만으로 성립하는 세계도 아니다. 오히려 인터넷에는 한편으로는 부호화된 정보의 집적이 있고, 다른 한편으

---

* 리좀 모델의 성질에 대해 가장 참고가 되는 저작은 아사다 아키라(浅田彰)의 『구조와 힘』이다. 특히 이 책 236~237쪽의 표는 편리하다. 덧붙여 아사다는 트리 모델은 전근대 모델이며 클라인의 항아리 모델이야말로 근대의 모델이라고 설명하고 있지만, 양자는 오히려 같은 시스템의 표리(表裏)이며 트리 모델은 그 표리가 일체가 되어 유지된다고 생각하는 것이 옳다. 그 세부적인 철학적 내용에 관심이 있는 독자는 필자의 『존재론적, 우편적』을 참조하기 바란다. 거기에서는 트리 모델은 '형이상학 시스템'으로, 클라인의 항아리 모델은 '부정신학(否定神學) 시스템'으로 불리고 있다.

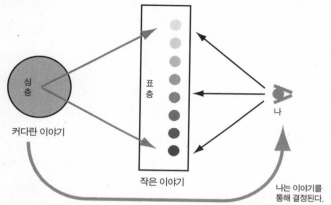

그림 1a
근대의 세계상
(트리 모델)

심
층

표
층

나

커다란 이야기

작은 이야기

나는 이야기를
통해 결정된다.

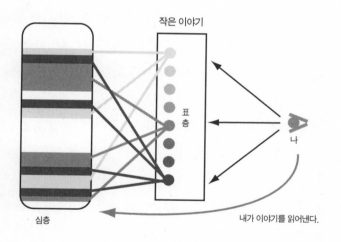

작은 이야기

그림 1b
포스트모던의 세계상
(데이터베이스 모델)

표
층

나

심층

내가 이야기를 읽어낸다.

로는 유저의 읽어내기에 따라 만들어지는 개개의 웹 페이지가 있는 별종의 2층구조가 있다. 이 2층구조가 근대의 트리 모델과 크게 다른 것은 거기에서 표층에 나타난 겉모습(각각의 유저가 보는 페이지)을 결정하는 심급이 심층이 아니라 표층에, 즉 감춰진 정보 자체가 아니라 읽어내는 유저 쪽에 있다는 점이다. 근대의 트리형 세계에서는 표층이 심층에 의해 결정되었지만, 포스트모던의 데이터베이스형 세계에서 표층은 심층만으로는 결정되지 않고 그 읽어내기에 따라 얼마든지 다른 모습을 나타낸다.

필자의 생각으로 이러한 모델의 변화는 단순히 사회적으로 인터넷의 출현뿐 아니라 학문적으로도 자기조직화나 인공생명, 신경망 등 90년대에 널리 주목받은 복잡계통 과학의 발상에 분명하게 나타나 있다. 그러나 여기에서는 포스트모던론을 더 세부적으로 파고들지는 않기로 하겠다. 앞으로의 논의를 따라가기 위해서는 우선 근대의 세계상이 트리형인 데 반해 포스트모던의 세계상은 데이터베이스형이며 전자의 심층에는 이야기가 있지만 후자의 심층에는 그것이 없다는 것만 파악하는 것으로 충분하다.

이와 같은 전제 위에서 앞에서 인용한 오쓰카의 글을 다시 읽으면 거기에 기술된 이야기 소비의 구조가 바로 이 데이터베이스 모델의 구조를 반영하고 있다는 것을 이해할 수 있을 것이다. '작은 이야기'와 '설정'의 2층구조란 겉모습과 정보의 2층구조를 말한다. 이야기 소비에 지배되는 오타쿠계 문화에서 작품은 더이상 단독으로 평가되지 않고 그 배후에 있는 데이터베이스의 우열로 측정된다. 그리고 그 데이터베이스는 유저 측의 읽어내기에 의해 얼마든지 다른 표정을 드러내는 것이므로, 일단 '설정'에 손을 대기만 하면 소비자는 거기에서 원작과 다른 2차창작을 얼마든지 만들어 낼 수 있다. 이 상황을 표층으로만 파악하면 오리지널 작품=원작이 무질서하게 시뮬라크르의 바다에 삼켜지는 것처럼 보인다. 그러나 사실은 우선 데이터베이스=설정이 있고 그 읽어내는 방식에 따라 원작도 가능하고 2차창작도 가능한 현상이라고 파악하는 것이 옳다.

즉 오타쿠계 소비자들은 포스트모던의 2층구조에 극히 민감하며 작품이라는 시뮬라크르가 깃드는 표층과 설정이라는 데이터베이스가 깃드는 심층을 명확히 구별하고 있는 것이다. 이 2층구조는 앞으로 이 책에서 몇 번이나 등장하므로 여기에서 확실히 머리에 넣어두었으면 한다.

3. 커다란 비非이야기

커다란 이야기의 조락과 그 보충으로서의 허구

이러한 오쓰카의 지적은 지금도 기본적으로 유효성을 잃지 않고 있다. 그러나 필자는 거기에 수정을 하나 가하고 싶다. 오쓰카는 설정이나 세계관을 '커다란 이야기'라고 불렀다. 그가 그 말을 쓴 것은 당시 유행하던 포스트모더니즘의 영향뿐 아니라 80년대 말에는 아직 오타쿠계 작품에서 하나의 세계관이나 역사관을 찾아내는 것이 일반적이었기 때문이다. 가령 〈건담〉은 1979년에 방영된 최초의 TV 시리즈 이후 〈기동전사 Z건담〉[6] 〈기동전사 건담ZZ〉[7] 〈역습의 샤아〉[8] 등으로 이어지는 작품의 대부분이 같은 가공의 역사에 속하는 것으로 구상되었다. 따라서 〈건담〉 팬들의 욕망은 필연적으로 이 가짜 역사에 대한 정밀조사를 향하게 되며, 사실 〈건담〉 관련 서적은 항상 메카닉의 데이터나 연표로 뒤덮여 있다. 거기에서는 분명 나카지마 아즈사가 지적한 대로 현실과는 다른 이야기=허구가 만들어지고 있다.

그리고 그 허구의 이야기는 때로 현실의 커다란 이야기 (정치적인 이데올로기)의 대체로서 큰 역할을 수행한다. 그 가장 화려한 예가 서브컬처의 상상력으로 교의敎義를 굳히고 결국에는 테러에까지 이른 옴 진리교의 존재이다. 오사와 마사치가 『허구시대의 끝』에서 분석한 바와 같이* 70년대의 연합적군과 90년대의 옴 진리교의 차이는 단지 전자가 공산주의 같은 사회적으로 인지된 이야기를 믿었던 데 비해 후자는 옴 진리교라는 인지되기 어려운 이야기를 믿었다는 데 있을 뿐이다.

기동전사 건담 역습의 샤아 DVD
애니메이션 제작 : 선라이즈
DVD 발매 : 반다이비주얼㈜

80년대의 이야기 소비도 또한 같은 사회적 조건을 배경으로 등장한다. 오쓰카 자신이 이야기 소비가 대두한 이유로 현대사회에서 '이계異界'나 '죽음'의 소멸, 즉 초월적인 것의 소멸을 지적하고 있다.** 따라서 그가 서브컬처를 지탱하는 설정이나 세계관의 집적을 '커다란 이야기'라고 부른 것은 아주 적절했다고도 할 수 있다. 80년대의 상황에서 그것은 확실히 커다란 이야기의 조락을 메우기 위해 만들어진 것처럼 보였을 것이기 때문이다.

기동전사 Z건담 DVD박스
애니메이션 제작 : 선라이즈
DVD 발매 : 반다이비주얼㈜

---

* 『허구시대의 끝』, 52쪽 이하.
** 『이야기 소비론』, 26쪽 이하.

이데올로기에서 허구로

커다란 이야기의 조락과 그 보충이라는 이 메커니즘은 좀 더 시야를 넓혀 자리매김할 수도 있다. 20세기 후반은 일본뿐 아니라 세계적으로 두 시대의 사이에 긴 커다란 변동기였다. 50년대까지의 세계에서는 근대의 문화적 논리가 유력했으며 세계는 트리형으로 파악할 수 있었다. 따라서 거기에서는 필연적으로 커다란 이야기가 끊임없이 생산되고 교육되며 또 욕망되고 있었다. 그 표출의 한 예가 학생들의 좌익주의로 기운 것이었다.

그러나 시대는 60년대에 크게 변해, 70년대 이후로는 반대로 포스트모던의 문화적 논리가 급속하게 힘을 키운다. 거기에서는 이미 커다란 이야기는 생산도 되지 않고 욕망도 되지 않는다. 그런데 이와 같은 변동은 그 시기에 성장한 사람들에게 큰 부담을 안겨준다. 왜냐하면 그들은 세계가 데이터베이스적인 모델로 움직이기 시작함에도 불구하고 교육기관이나 저작물을 통해 낡은 트리형 모델(커다란 이야기에 대한 욕망)을 이식받기 때문이다. 그 결과 이 모순은 특정한 세대로 하여금 잃어버린 커다란 이야기의 날조를 향해 강하게 구동되게 한다. 여기에서는 자세히 기술하지 않겠지만, 예컨대 70년대 미국에서 고조된 뉴 사이언스나 신비사상에 대한 관심, 세계적으로 일어난 학생운동의 과격화 등은 그 한 결과로 볼 수 있다. 그리고 일본에서의 오타쿠계 문화의 대두도 또한 같은 사회적 배경을 공유하고 있다. 당시의 제1세대 오타쿠들에게 만화나 애니메이션에 관한 지식이나 동인활동은 전공투 세대의 사상이나 좌익운동과 매우 비슷한 역할을 수행했다.

커다란 이야기를 필요로 하지 않는 세대의 등장

그러나 그와 같은 복잡한 심리가 지금까지도 오타쿠계 문화를 규정하고 있느냐 하면 그것은 또 전혀 다른 문제이다. 오히려 필자는 역으로 근대에서 포스트모던으로의 흐름이 진행됨에 따라 그와 같은 날조의 필요성이 희박해져간다고 생각한다. 왜냐하면 포스트모던의 세계상 속에서 자란 새로운 세대는 처음부터 세계를 데이터베이스로 인식하기 때문에 그 전체를 조망하는 시선을 필요로 하지 않으며, 따라서 서브컬처조차도 날조할 필요가 없기 때문이다. 만약 그렇다고 한다면, 잃어버린 커다란 이야기의 보충으로서 허구를 필요로 한 세대와 그와 같은 필요성을 느끼지 않고 허구를 소비하고 있는 세대 간에는, 같은 오타쿠계 문화라고 해도 표현이나 소비의 형태에 커다란 변화가 나타나고 있음에 틀림없다.

그리고 실제로 그러한 새로운 경향은 오쓰카의 평론이 발표된 후 90년대의 10년간 확실히 눈에 띄게 되었다. 90년대의 오타쿠들은 일반적으로 80년대에 비해 작품세계의 데이터 자체를 고집하기는 하지만 그것이 전하는 메시지나 의미에 대해서는 극히 무관심하다. 반대로 90년대에는 원작의 이야기와는 관계없이 그 단편인 일러스트나 설정만이 단독으로 소비되고 그 단편에 소비자가 마음대로 감정이입을 강화해가는, 다른 유형의 소비행동이 대두해왔다. 이 새로운 소비행동은 오타쿠들 자신에 의해 '캐릭터 인간'으로 불리고 있다. 후술하듯이 거기에서 오타쿠들은 이야기나 메시지와는 거의 관계없이 작품의 배후에 있는 정보만을 담담하게 소비하고 있다. 따라서 이 소비행동을 분석하는 데에는 이제 그들 작품의 단편이 '잃어버린 커다란 이야기'를 보충하고 있다는 도식은 그다지 적절하지 않은 것으로 생각된다.

〈에반겔리온〉의 팬이 추구하고 있었던 것

구체적인 예를 통해 검토해보자. 필자는 앞서 〈기동전사 건담〉을 언급한 바 있다. 90년대에는 〈신세기 에반겔리온〉이 〈건담〉과 자주 비교되어왔다. 그도 그럴 것이 이 둘은 모두 근미래의 전투에 휘말리는 소년을 주인공으로 한 SF 애니메이션이며, 주인공과 가까운 세대로부터 지지를 얻어 사회적인 화제가 된 작품이기 때문이다. 그러나 실제로 이 둘은 이야기에 대한 전혀 다른 유형의 태도에 의해 소비된 작품이라고 할 수 있다.

앞에서 말한 바와 같이 많은 〈건담〉 팬들은 건담의 세계를 정밀조사하는 데 욕망을 쏟고 있다. 즉 거기에는 가공의 커다란 이야기에 대한 정열이 여전히 유지되고 있다. 그러나 90년대 중반에 나타난 〈에반겔리온〉의 팬들, 특히 젊은 세대(제3세대)는 그 붐이 절정에 이르렀을 때조차도 에반겔리온의 세계 전체에 대해서는 그다지 관심을 기울지 않았던 것으로 보인다. 오히려 그들은 처음부터 2차창작적인 과도한 읽어내기나 캐릭터 모에의 대상으로서 캐릭터의 디자인이나 설정에만 관심을 집중하고 있었다.

즉 거기에서는 건담의 세계 같은 커다란 이야기＝허구는 이미 환상으로서도 욕망되고 있지 않았다. 〈건담〉의 팬은 '우주세기' 연표의 정합성이나 메카닉의 리얼리티를 이상하게 고집하는 것으로 알려져 있다. 그와는 달리 〈에반겔리온〉의 많은 팬들은 주인공의 설정에 감정이입하거나 여주인공의 에로틱한 일러스트를 그리거나 거대 로봇의 피규어를 만들기 위해서만 세세한 설정을 필요로 하고 있었던 것이며,

그런 한 편집증적인 paranoiac 관심을 보이기는 하지만 그 이상으로 작품세계에 몰입하는 일은 적었던 것이다.

그리고 이 변화는 또한 소비자나 2차창작자 쪽에서만이 아니라 원작자 쪽에도 확연하게 나타난다. 〈건담〉은 1979년에 방영된 최초의 TV 시리즈 이후 계속해서 속편이 만들어진 것으로도 유명한 작품이다. 그리고 그 대부분은 총감독인 도미노 요시유키 富野由悠季의 감수 아래 하나의 가공의 역사에 따라 전개되고 있다. 이에 비해 〈에반겔리온〉은 속편이 제작되지 않았으며 또 제작될 예정도 없다. 대신에 원작자인 제작사 가이낙스 Gainax[9]가 전개하고 있는 것은 이 장의 서두에서도 말한 것처럼 코미케에서 팔리는 2차창작에 가까운 발상의 관련 기획, 예를 들면 등장인물을 이용한 마작 게임이나 에로틱한 도안의 전화카드, 나아가서는 여주인공인 아야나미 레이를 대상으로 한 육성 시뮬레이션 게임이다. 이 두 경우의 원작에 대한 생각에는 매우 커다란 차이가 있다.

더욱 중요한 것은 이 변화가 원작의 재이용이나 주변 기획뿐 아니라 원작의 구조 자체에도 큰 영향을 끼쳤다는 점이다. 〈에반겔리온〉의 감독을 맡은 안노 히데아키 庵野秀明[10]는 도미노와는 달리 처음부터 코미케에서 2차창작이 출현할 것을 예측하고 오히려 그 생산을 장려하는 듯한 장치를 원작 내에 많이 배치하고 있다. 예를 들어 TV 시리즈 마지막 회에는 전혀 다른 성격의 아야나미 레이가 사는 전혀 다른 역사의 에반겔리온 세계가 삽입되는데, 거기에서 그려지는 광경은 실은 방영시에 이미 2차창작으로 대량 유통되고 있었던 이미지의 한발 앞선 패러디이다. 즉 거기에는 오리지널이 시뮬라크르를 미리 시뮬레이트하는 매우 왜곡된 관계가 나타나 있었던 것이다.

또 이 작품에는 두 개의 극장판이 있는데 그 어느 쪽이나 TV 시리즈의 직접적인 연속이 아니라 그 세계를 별도의 버전으로 고쳐 이야기하는 구성으로 되어 있다. 그 성격은 특히 1997년에 종합편으로 제작된 〈EVANGELION DEATH〉에서 명확하며, 거기에서는 TV 시리즈의 영상이 모두 리믹스의 소재로 바뀌어 통일된 이야기 없이 단편으로 제시되고 있다.

이러한 특징은 모두 〈에반겔리온〉이라는 애니메이션이 원래부터 특권적인 오리지널이 아니라 오히려 2차창작과 함께 놓이는 시뮬라크르로서 제시되어 있었다는 사실을 나타내고 있다. 바꾸어 말하면, 이 작품에서 가이낙스가 제공한 것은 TV 시리즈를 입구로 한 하나의 '커다란 이야기'가 아니라 오히려 시청자 누구나 마음대로 감정이입하고 저마다 나름의 이야기를 읽어낼 수 있는 이야기 없는 정보의 집합체였던 셈이다.

필자는 앞으로 작은 이야기의 배후에 있으면서 결코 이야
기성을 갖지 않는 이 영역을 오쓰카의 '커다란 이야기'와 대
비시켜 '커다란 비非이야기'라 부르고 싶다. 〈에반겔리온〉의
소비자 대부분은 완성된 애니메이션을 작품으로 감상하는
(종래의 소비) 것도, 〈건담〉처럼 그 배후에 감춰진 세계관을
소비하는(이야기 소비) 것도 아니라 처음부터 정보=비이야
기만을 필요로 하고 있었던 것이다.

4. 모에[萌え] 요소

이야기와 머그컵은 같은 계열의 상품

그렇지만 〈에반겔리온〉에서는 원작인 TV 시리즈가 커다란 이야기는 아니더라도 여전히 데이터베이스에 가까이 가기 위한 입구로서 기능하고 있었다고 할 수 있을지도 모른다. 그러나 〈에반겔리온〉 이후, 최근의 오타쿠계 문화에서는 그 필요성조차 급속히 사라지고 있다.

여기에서 중요한 것이 미디어믹스의 대두이다. 현재의 오타쿠계 시장에서는 만화 원작이 애니메이션화되고 이어서 관련 상품이나 동인지가 나오는 식의 순서는 이미 지배적이지 않다. 예를 들면 애니메이션 기획이 어느새 게임으로 전용되고 그 완성 이전에 이미 라디오 드라마나 이벤트에서 지지를 얻어 그 단계에서 관련 상품이 유통되거나, 반대로 게임이나 트레이딩 카드[11]가 먼저 상품으로 성공하고 이어 동인 앤솔로지(원작자의 허락하에 만들어지는 2차창작집)나

소설이 출판되어 애니메이션화되고 만화화되는 식의 복잡하게 얽힌 회로가 여러 겹 둘러쳐져 있다. 그와 같은 상황에서는 무엇이 원작이며 누가 원작자인지가 극히 애매해지며 소비자도 그 존재를 거의 의식하지 않는다. 그들에게 존재하는 것은 원작(오리지널)과 관련 상품(복제)의 구별이 아니라 익명적으로 만들어진 설정(심층에 있는 데이터베이스)과 그 정보를 각각의 아티스트가 구체화한 개개의 작품(표층에 있는 시뮬라크르), 그 양자의 구별뿐이다. 거기에서는 이미 설정이나 세계관의 입구가 되는 오리지널＝원작이라는 생각조차 부적절한 것이 되고 있다.

이러한 경향을 이해하는 데 가장 중요한 예는 1998년에 탄생한 '디지캐럿デ・ジ・キャラット'[12), 통칭 '디지코'로 불리는 캐릭터이다. 이 캐릭터는 본래 애니메이션, 게임 관련 상품을 취급하는 판매업자의 이미지 캐릭터로 만들어졌다. 따라서 그 배경에는 어떠한 이야기도 존재하지 않는다. 그것이 1998년 후반부터 서서히 인기를 얻어, 1999년에 TV CM으로 등장해 2000년에는 애니메이션화되고 소설화되어 지금은 확고한 작품세계를 갖추고 있다.

이 과정에서 주목할 것은, 거기에서 작품세계를 형성하는 이야기나 설정이 모두 디지코의 디자인이 단독으로 지지를 모은 후 시장의 기대에 부응하는 형태로 집단적이면서도 익명적으로 만들어졌다는 점이다. 예를 들면 이 작품에는 '우사다 히카루'와 '푸치캐럿'(통칭 '푸치코')이라 불리는 캐릭터가 존재하는데, 그들은 1999년에 겨우 발표되었으며 전자는 이름조차 공모를 통해 결정되었다. 또 디지코에게는 건방지고 덜렁거리는 성격이 주어져 있는데, 이 설정도 처음부터 준비되어 있었던 것이 아니라 애니메이션화에 즈음하여 거의 자기 패러디적으로 붙여진 것이다.

더구나 〈에반겔리온〉과는 달리 이들의 전개는 특정한 작가나 제작사가 제어하고 있는 것이 아니다. 그도 그럴 것이, 이 작품은 기본적으로 한 기업의 광고 기획에 지나지 않기 때문이다. 이와 같은 상황에서는 〈디지캐럿〉의 오리지널이 어떠한 작품이며 그 작자가 누구이고 거기에 어떤 메시지가 담겨 있는지를 묻는 것은 전혀 의미가 없다. 이 기획은 처음부터 단편적인 힘을 기본으로 하여 움직이고 있는 것이며, 거기에서는 '작품'으로서 독립하여 이야기가 전개되는 종래의 애니메이션이나 소설 같은 기획도 머그컵이나 클리어 파일과 마찬가지로 관련 상품의 하나에 지나지 않는다. 여기에서 이야기는 이미 설정이나 일러스트(비이야기)에 덧붙여진 잉여품에 지나지 않는 것이다.

모에 요소의 조합

그림 2
디지캐럿을 구성하는 모에 요소
(『디지캐럿』제작 : 브로콜리)

더듬이처럼 삐친
머리카락

고양이귀

녹색
머리카락

방울

메이드복

커다란 손발

꼬리

문제는 그것만이 아니다. 〈디지캐럿〉에서 또하나 흥미로운 것은 앞에서 말한 이야기나 메시지의 부재를 보충하기라도 하듯이 캐릭터 모에를 촉발하는 기법이 과도하게 발달해 있다는 점이다. 필자는 앞에서 디지코의 디자인이 단독으로 지지를 모았다고 했다. 그러면 그것이 특별히 개성적이고 매력적이냐 하면 그렇다고 하기도 어렵다. 실제로는 디지코의 디자인은 디자이너의 작가성을 배척하기라도 하듯, 근래의 오타쿠계 문화에서 유력한 요소를 샘플링하고 조합하여 만들어졌다. 그 대표적인 것을 명시하면 그림2와 같을 것이다.

여기에서 각 요소의 성질에 대하여 논할 여유는 없지만, 이들 요소가 각각 특정한 기원과 배경을 가지고 소비자의 관심을 촉발하기 위해 독특한 발전을 이룬 장르적인 존재라는 것에는 주의를 기울였으면 한다.
그것은 단순한 페티시와는 달리 시장

원리 속에서 떠오른 기호이다. 예를

그림 3
〈키즈아토〉에 나타난
모에 요소인 삐친 머리

들어 '메이드 복장'은 80년대 후반의
성인 애니메이션 〈크림레몬 흑묘관
くりぃむレモン·黒猫館〉[13]을 기원으로 하고
있고, 90년대에 들어서는 노벨 게임
을 중심으로 세력을 넓혀온 것으로 알려져 있다.* 또 '더듬
이처럼 삐친 머리'는 필자의 관찰로는 90년대 중반의 노벨
게임인 〈키즈아토傷〉에 나타난 뒤로 일반화되어(그림3) 현
재는 많은 애니메이션이나 게임에서 보이는 기본적인 요소
로 성장해 있다. 소비자의 '모에'를 효율적으로 자극하기 위
해 발달한 이들 기호를 이 책에서는 '모에 요소'로 부르기로
한다. 모에 요소의 대부분은 그래피컬한 것이지만, 그 밖에
도 특정한 말버릇, 설정, 이야기의 유형적인 전개, 혹은 피
규어의 특정한 곡선 등 장르에 따라 여러 가지가 모에 요소
가 되어 있다.

크림레몬 흑묘관/MAKO
섹시심포니(후편) DVD
애니메이션 제작
DVD 발매:페어리더스트㈜

　아키하바라나 신주쿠의 전문점을 보면 금방 알 수 있듯
이, 모에 요소는 이제 오타쿠계 문화를 뒤덮고 있다. 거기에

---

*『불확정세계의 탐정신사 월드 가이던스』, 129쪽 이하의 기사 참조.

서 유통되고 있는 '캐릭터'는 작가의 개성이 만들어낸 고유의 디자인이라기보다 오히려 미리 등록된 요소가 조합되어 작품의 프로그램(판매 전략)에 따라 생성되는 일종의 출력 결과이다. 그리고 실제로 그러한 상황은 오타쿠들 자신도 자각하고 있다.

예를 들면 그 자각을 장치로서 표현한 것 중 하나가 1996년부터 공개된 오타쿠계 검색엔진 'TINAMI'이다(그림4a).* 등록된 수만 개의 사이트에서 효율적으로 일러스트를 검색하기 위해 이 엔진의 시스템은 오타쿠적 도상圖像의 특징을 자세하게 수치화하여 분류하고 있다. 예를 들어 거기에는 모에 요소로서 '고양이귀'와 '메이드'를 지정하고 '캐릭터 함유율'을 75퍼센트 이상으로, '캐릭터 연령'을 10세에서 15세로, '데포르메 도度'를 5로 설정하여 찾고자 하는 사이트를 검색하는 식의 파라미터parameter 선택 기능이 장착되어 있다. 그림4b는 'TINAMI'의 실제 검색 화면으로, 아래쪽에 길게 나열된 카테고리에는 '고양이귀' '동물' '천사' '메이드' '안경'과 같은 모에 요소들이 포함되어 있다.

인터넷이 보급되고 동인활동의 중심이 웹으로 이동한 90년대 후반의 오타쿠계 문화에서 'TINAMI'와 같은 검색엔진은

키즈아토
게임 제작:리프

* http://www.tinami.com/

그림 4a
TINAMI 첫화면

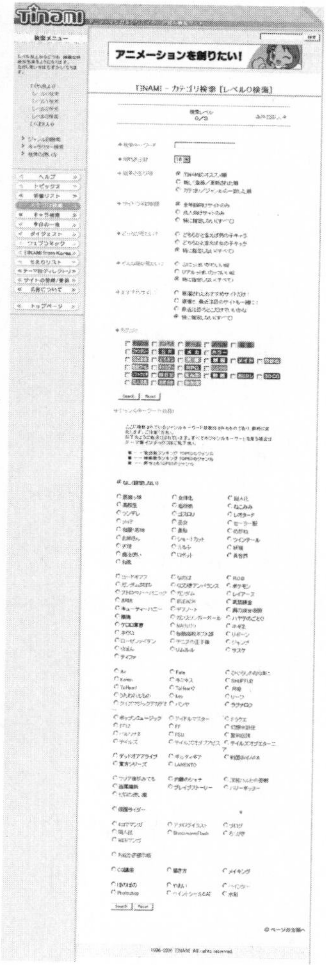

그림 4b
TINAMI 검색화면

매우 커다란 역할을 하고 있다. 그리고 이와 같은 환경에서 제작자는 좋고 싫음에 관계없이 오타쿠계 문화 전체에서 자신의 상대적인 위치를 자각하지 않을 수 없다. 새롭게 생겨난 캐릭터는 그 탄생의 순간부터 즉각 여러 가지 요소로 분해되어 카테고리로 분류되고 데이터베이스에 등록된다. 적당한 분류가 없으면 새로운 요소나 카테고리가 만들어질 뿐이며, 결국 오리지널 캐릭터의 오리지널리티조차 시뮬라크르로서밖에 존재하지 않는다고도 할 수 있을 것이다.

예전에는 작품의 배후에 이야기가 있었다. 그러나 그 중요성이 떨어짐과 동시에 오타쿠계 문화에서 캐릭터의 중요성이 증가하고 나아가 그 캐릭터를 산출하는 '모에 요소'의 데이터베이스가 정비되었다. 최근 10년간의 오타쿠계 문화는 그와 같은 커다란 흐름 속에 있었으며, 90년대 말에 나타난 〈디지캐릿〉은 바로 그 흐름이 끝까지 나아간 지점에서 나타났다.

실제로 이 작품의 캐릭터는 모두 의도적으로 모에 요소를 과도하게 포함하고 있다. 디지코는 "프릴을 잔뜩 단 메이드 복장에 하얀 고양이귀 모자, 고양이 장갑, 고양이 부츠, 그리고 고양이 꼬리. 완전무결한 모에모에 풀옵션 장비"이며 푸치코는 "호랑이 줄무늬의 고양이귀 모자를 쓰고 세일러복에 블루머. 엉덩이에는 호랑이고양이 꼬리가 달려 있는, 팬에게는 상당히 흉악하고 반칙적인 모에모에 복장"이라고 소설판은 기술하고 있는데,* 이와 같은 자기 패러디적 기술이 이 작품이 놓인 위험한 위치를 명확하게 나타내고 있다. 디지코는 고양이귀를 달고 "그래뇨" "피곤해뇨" 하고 이야기하는데, 그것은 고양이귀나 "뇨" 자체가 직접적으로 매력적이기 때문이 아니라 고양이귀와 특징 있는 어미가 모에 요소이기 때문이며, 더 정확하게 말하면 90년대의 오타쿠들이 그것을 모에 요소로 인정했고 지금은 그 구조 전체를 자각하고 있기 때문이다. 〈디지캐럿〉은 이와 같은 점에서 소박하게 캐릭터 모에의 욕망에 의존한 기획이라기보다 오히려 그 욕망을 극한까지 밀어붙여 그 결과 모에계(系) 디자인에 지배되어 있는 현재의 시장에 대한 아이러니가 되어버린 복잡한 기획이라고 이해하는 것이 옳다.

* 『디지캐럿 2』, 12, 19~20쪽.

5. 데이터베이스 소비

각각의 작품보다는 캐릭터의 매력

모에 요소의 데이터베이스화는 90년대에 급속하게 진전되었다. '모에'란 원래 80년대 말에 생긴 말로 만화, 애니메이션, 게임 등의 캐릭터 또는 인기 연예인 등을 향한 허구적인 욕망을 의미했다고 한다. 특정한 캐릭터에 '열광하는萌える' 사람들은 관련 상품을 집중적으로 구입하기 때문에 제작자에게는 작품 그 자체의 질보다 설정이나 일러스트를 통해 모에 욕망을 어떻게 환기할 것인가가 기획의 성패를 직접적으로 좌우하게 된다. 이러한 경향은 길게는 70년대까지 거슬러올라가지만 그 중요성은 90년대의 미디어믹스의 흐름 속에서 결정적으로 증대되게 되었다.

아까도 이야기한 것처럼 미디어믹스에서는 원작의 지위가 애매한 채로 여러 가지 기획이 동시에 진행된다. 따라서 거기에서 그 기획들을 묶어주는 근거는 원작자의 작가성이

나 메시지가 아니라 거기에 공통적으로 나타나는 작품세계와 캐릭터, 극단적인 경우에는 캐릭터만이 되어버린다. 가령 안노 히데아키가 감독한 〈에반겔리온〉과 그 몇 년 후에 발매된 육성시뮬레이션 〈아야나미 육성계획〉을 같은 '에반겔리온 관련' 작품으로, 혹은 컬트적인 인기를 자랑하는 리프 Leaf의 노벨 게임 〈시즈쿠⁜〉[14]나 〈키즈아토〉와 그 패러디적인 트레이딩 카드 게임 〈리프 파이트リーフファイト〉[15]를 같은 '리프 관련' 작품이라고 받아들이는 근거는 저작권 표시를 빼면 거기에 공통적으로 같은 캐릭터가 등장한다는 것에 불과하다. 그들 사이의 내용적인 연속성이 한없이 희박한 이상, 〈에반겔리온〉이나 〈시즈쿠〉의 팬이라도 〈아야나미 육성계획〉이나 〈리프 파이트〉에는 아무런 관심도 갖지 않는 식의 소비행동이 지배적이어도 상관없었으며, 오히려 그렇게 되는 것이 오타쿠계 시장 바깥에서 보기에는 당연한 일이었을 것이다.

그럼에도 불구하고 90년대의 오타쿠계 시장은 그 양자를 연속해서 파악하는 소비자를 조직적으로 키워내고 또 그와 같은 '관련 상품'의 범람을 전제로 규모를 확대해왔다. 그 결과 지금은 개개의 이야기가 등장인물을 낳는 것이 아니라 반대로 등장인물의 설정이 먼저 있고 그를 바탕으로 이야기를 포함한 작품이나 기획을 전개시키는 전략이 일반화되어 있다. 그리고 이와 같은 상황에서는 필연적으로 개개의 작품의 완성도보다도 캐릭터의 매력이 더 중요해지며, 또 그 매력을 높이기 위한 노하우(모에 요소의 기술)도 급속하게 축적되게 된다. 모에 요소의 데이터베이스화는 이와 같은 상황하에서 필연적인 것이 되었다.

작품을 횡단하는 캐릭터의 연관

그 결과 최근의 오타쿠계 캐릭터는 하나의 작가나 작품에서 나왔다기보다는 오히려 작품 횡단적으로 다수의 캐릭터와 연관되어 있다. 예를 들어 〈나데시코〉의 호시노 루리ホシノ・ルリ, 〈에반겔리온〉의 아야나미 레이, 〈시즈쿠〉의 쓰키시마 루리코月島瑠璃子, 〈아키하바라 전뇌조〉의 오토리이 쓰바메大鳥居つばめ라는 네 명의 캐릭터는, 설정이나 디자인에서 많은 공통점을 가지고 있다.

오타쿠계 작품에 빈번하게 보이는 이와 같은 연관은 지금껏 '인용'이나 '영향' '패러디' 같은 말로 이야기되어왔다. 그러나 '인용'이든 '영향'이든 그 개념은 작가나 작품이라는 단위를 무의식적으로 전제하고 있다. 어떤 작가가 다른 작가의 작품에 영향을 받아 그것을 인용하고 때로 패러디한다는 식의 발상이다. 분명 지금도 그 모델로 오타쿠계 작품의 움직임을 이야기하지 못할 것은 없다. 예를 들어 레이의 영향을 받아 루리코가 탄생하고, 그 양자의 인용으로 루리가 만들어지며, 그 루리의 패러디로서 쓰바메가 디자인되었다는 식으로 계보를 그려본다 해도 그다지 잘못된 것은 아니다.

그러나 그 유효성 또한 한정되어 있다. 설령 루리가 레이나 루리코를 인용한 것이라면 그때 '인용'을 한 것은 누구인가. 감독인 안노 히데아키나 캐릭터 디자인을 맡은 사다모토 요시유키貞本義行[16]의 개성과 역할이 비교적 분명했던 〈에반겔리온〉에 비해 〈나데시코〉의 복잡한 구성에 사토 다쓰오佐藤竜雄[17]나 아사미야 기아麻宮騎亞[18]가 어떻게 연관되었는지를 알기란 어렵다. 게다가 이 네 가지 예는 빙산의 일각에 지나지 않는다.

기동전함 나데시코
제작:XEBEC

실제로 90년대 후반 아야나미 레이와 흡사한 캐릭터는 만화와 애니메이션과 소설에서, 상업 베이스로도 동인 베이스로도 대량으로 생산되고 소비되어왔다. 그 확대를 모두 〈에반겔리온〉의 '영향'으로 돌리는 것은 그다지 현명하지 않은 것으로 생각된다.

따라서 필자는 이 상황을 파악하는 데는 데이터베이스의 이미지가 더 적절하다고 생각한다. 레이의 출현은 많은 작가에게 영향을 끼쳤다기보다 오히려 오타쿠계 문화를 지탱

시즈루
게임 제작:리프

하는 모에 요소의 규칙 자체를 변화시켜버렸다. 그 결과 〈에반겔리온〉 자체를 의식하지 않는 작가들도 새로이 등록된 모에 요소(말수 적음, 파란 머리, 흰 피부, 신비한 능력 등)를 써서 무의식중에 레이와 아주 닮은 캐릭터를 생산하게 되었다. 이렇게 생각하는 것이 90년대 후반의 현실에 가깝다. 비단 레이뿐 아니라 오타쿠계 작품에 나타나는 캐릭터는 이미 작품 고유의 존재가 아니라 소비자에 의해 곧바로 모에 요소로 분해되고 등록되어 새로운 캐릭터를 만들기 위한 재료로 나타난다. 따라서 모에 요소의 데이터베이스는 유력한 캐릭터가 나타날 때마다 변화하고 그 결과 다음 계절에는 또 새로운 모에 요소를 탑재한 신세대 캐릭터들 사이에 치열한 경쟁이 전개되는 것이다.

'캐릭터 모에'에 나타나는 소비의 2층구조

이상과 같은 특징에서 분명히 드러나는 것처럼, 90년대의 오타쿠계 문화를 특징짓는 '캐릭터 모에'란 실은 오타쿠들 자신이 믿고 싶어하는 것과 같은 단순한 감정이입이 아니라 캐릭터(시뮬라크르)와 모에 요소(데이터베이스)의 2층구조 사이를 왕복함으로써 지탱되는 지극히 포스트모던적인 소비행동이다. 특정한 캐릭터에 '열광하는' 소비행동에는 맹

목적인 몰입과 함께 그 대상을 모에 요소로 분해하고 데이터베이스 속에서 상대화해버리는 기묘하게 냉정한 측면이 감추어져 있다. 이 2층구조에 대해서는 나중에 노벨 게임을 예로 들어 자세히 이야기하겠지만, 어쨌든 캐릭터 모에를 단순한 마니악한 소비행동으로 정리해버리면 여러 가지로 설명할 수 없는 부분이 나온다는 점은 확실하다.

오타쿠들의 모에 감각은 항상 캐릭터의 수준과 모에 요소의 수준 사이에서 이중화되어 있으며, 그렇기 때문에 그들은 모에의 대상을 계속해서 바꿀 수 있는 것이다. 만약 모에 요소의 수준이 없고 그들이 단순히 각자의 취향에 따라 캐릭터를 선택할 뿐이라면 특정한 캐릭터에 특정한 팬이 따르는 것만으로 끝났을 것이다. 그랬다면 90년대에 꽃핀 캐릭터 비즈니스는 도저히 성립하지 않았을 것이다.

'이야기 소비'에서 '데이터베이스 소비'로

지금까지의 논의를 정리해보자. 만화, 애니메이션, 게임, 소설, 일러스트, 트레이딩 카드, 피규어, 기타 여러 작품이나 상품의 심층에 있는 것은 이제는 결코 이야기가 아니다. 90년대의 미디어믹스 환경에서 그 다양한 작품이나 상품을 묶는 것은 캐릭터밖에 없다. 그리고 소비자는 그 전제 위에서 이야기를 포함한 기획(만화나 애니메이션 또는 소설)과 이야기를 포함하지 않는 기획(일러스트나 피규어) 사이를 마음대로 왕복하고 있다. 여기에서 개개의 기획은 시뮬라크르이며 그 배후에 캐릭터나 설정으로 이루어진 데이터베이스가 있다.

그러나 또다른 레벨에서 보면 그 캐릭터도 또한 모에 요소의 데이터베이스에서 이끌어낸 시뮬라크르에 지나지 않는다. 즉 여기에는 시뮬라크르와 데이터베이스의 2층구조가 한층 더 이중화한 복잡한 시스템이 만들어져 있다. 오타쿠들은 우선 작품을 소비하고 때로 그것에 감동한다. 그러나 실은 그 작품이 시뮬라크르이며 실체는 캐릭터에 지나지 않는다는 것도 알고 있다. 다음으로 그들은 캐릭터를 소비하고 때로 거기에 '열광한다'. 그러나 실은 그 캐릭터도 또한 시뮬라크르이며 그 실체는 모에 요소의 조합에 지나지 않는다는 것도 알고 있다. 〈디지캐럿〉은 필자가 관찰한 바로는 오타쿠들의 이와 같은 이중화(삼중화?)된 의식에 가장 자각적으로 만들어진 기획이다.

따라서 〈디지캐럿〉을 소비하는 것은 단순히 작품(작은 이야기)이나 그 배후에 있는 세계관(커다란 이야기), 나아가서는 설정이나 캐릭터(커다란 비이야기)를 소비하는 것이 아니라, 그보다 더 심층에 있는 보다 광대한 오타쿠계 문화 전체의 데이터베이스를 소비하는 것으로 이어진다. 필자는 앞으로 이와 같은 소비행동을 오쓰카의 '이야기 소비'와 대비하는 의미에서 '데이터베이스 소비'라고 부르고자 한다.

　근대에서 포스트모던에 이르는 흐름 속에서 우리의 세계상은 이야기적이고 영화적인 세계시선에 의해 지탱되던 것에서 데이터베이스적이고 인터페이스적인 검색엔진에 의해 읽어내어지는 것으로 크게 변화하고 있다. 그 변화 속에서 일본의 오타쿠들은 70년대에는 커다란 이야기를 잃어버렸고, 80년대에는 그 잃어버린 커다란 이야기를 날조하는 단계(이야기 소비)에 이르렀으며, 계속되는 90년대에는 그 날조의 필요성조차 폐기하고 단순히 데이터베이스를 욕망하는 단계(데이터베이스 소비)를 맞이했다. 오쓰카의 평론과 필자의 관찰에서 알 수 있는 것은 대략적으로 말하자면 이와 같은 흐름이다. 이야기 소비와 데이터베이스 소비의 구조의 차이는 그림5으로 나타낼 수 있다. 그림5a와 그림5b 두 그림은 각각 앞에서 나온 그림1a와 그림1b에 대응한다.

'애니메이션 · 만화적 리얼리즘' 소설

　오타쿠계 문화를 다루면 아무래도 그래피컬한 작품의 예가 많아지는데, 여기에서 다른 예도 들어두고 싶다. 캐릭터

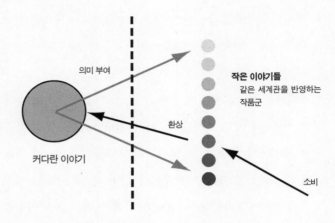

그림 5a
이야기 소비의 구조

의미 부여

커다란 이야기

작은 이야기들
같은 세계관을 반영하는
작품군

환상

소비

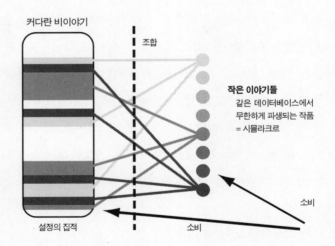

그림 5b
데이터베이스 소비의 구조

커다란 비이야기

조합

작은 이야기들
같은 데이터베이스에서
무한하게 파생되는 작품
= 시뮬라크르

소비

설정의 집적

소비

98

모에와 데이터베이스 소비의 대두는 또한 활자문화에도 커다란 영향을 미치고 있다. 매스미디어에서 '소설'은 아직도 순수문학과 엔터테인먼트 둘로 나뉘는 듯하지만, 현실적으로 최근 10년간 오타쿠계 시장은 그 어느 쪽으로도 분류되지 않는 막대한 수의 소설을 생산하고 소비해왔다. 종래의 구별에 따라 '미스터리'나 'SF' '환타지', 혹은 독자층이나 제작자의 의식에 따라 '주니어 노벨'이나 '게임 노벨' '영어덜트' 등 다양한 이름으로 불리고 있는 그 작품세계는 종래의 순수문학과도 엔터테인먼트와도 다른 독특한 논리로 만들어지고 있으며 그 때문인지 아직도 일반의 평가는 낮다. 그러나 그 논리도 이상과 같은 오타쿠계 문화의 흐름을 알면 자연히 이해할 수 있다.

그와 같은 이질적인 새로운 소설의 예로 지금 가장 적절한 것은 세이료인 류스이清涼院流水[19]의 작품일 것이다. 그는 1974년생으로 제2세대와 제3세대의 중간에 해당한다. 1996년에 출간된 그의 첫 장편 『코즈믹ㅋㅈㅁㅋ』[20]은 수십 건의 밀실살인을 십수 명의 탐정들이 추리하는 소설이다. 이것만으로도 충분히 기발한 설정인데, 덧붙여 그 탐정들에게는 모두 인상적인 이름과 특징이 부여되며 — '진 추리'라 불리는 변증법으로 추리하는 야이바 소마히토, '신통이기神通理氣'라 불리는 직관으로 추리하는 쓰쿠모 주쿠, '오리무중悟理夢中'이라 불리는 수면睡眠

으로 추리하는 아마기리 후유카 등—사건의 해결 또한 기막히고 황당무계하게 이루어진다. 게다가 이 초인적인 등장인물들은 『조커ジョーカー』『19박스19ボックス』『카니발カーニバル』 등 이어지는 일련의 소설에도 등장하며, 작자 자신은 데뷔 때부터 그 전체가 어떤 한 '세이료인 대설大説'을 이루는 것이라고 선언하고 있다. 한마디로 말하면 이 작가의 소설은 각각의 작품의 완성도를 그다지 중요시하지 않고, 오히려 캐릭터의 매력을 높여 그들 전체가 만들어내는 '세이료인 세계' 자체의 완성도를 높이는 것을 목적으로 만들어지는 것이다. 이 작가가 일관되게 십대 독자들에게 강한 지지를 받고 있지만, 다른 한편으로 앞서 나온 미스터리 작가들의 반발을 사고 있기도 하다.

다시 오쓰카를 참조하자면, 그는 이와 같은 소설이 대두하는 배경으로 리얼리즘 자체의 변화를 지적하고 있다.* 근대소설이 현실을 그린다면 오타쿠계 소설은 허구를 그린다. 세이료인이 그리는 등장인물이나 이야기는 결코 현실적이지 않지만 그에 선행하는 만화나 애니메이션의 세계에서는 가능한 것이며, 따라서 독자는 그것을 리얼하다고 받아들인다. 오쓰카는 이와 같은 태도를 '애니메이션·만화적 리얼리즘'

* 『이야기의 체조』, 198쪽 이하.

이라고 부르고 그 기원을 70년대 말 아라이 모토코^{新井素子 21)}
가 '만화 『루팡 3세』의 활자판을 쓰고 싶었다'고 한 것에서
찾았다. 자연주의적인 리얼리즘과 '애니메이션·만화적 리얼
리즘'은 표면적으로는 전혀 다른 인상을 주지만 자연주의적
인 리얼리즘 자체가 일본에서는 허구였던 이상 리얼리즘의
그러한 변화는 일종의 필연이었다고 오쓰카는 논하고 있다.

미스터리의 요소도 모에 요소로

필자는 여기에서도 오쓰카의 의견에 거의 동의하지만, 지
금까지의 논의와 마찬가지로 그 그려내야 할 허구가 지금은
데이터베이스화되고 요소화되어 있다는 것도 강조해두고
싶다. 세이료인의 소설이 구루마다 마사미^{車田正美 22)}의 베스
트셀러 『세인트 세이야』의 영향을 받았다는 것은 잘 알려진
사실이다. 그러나 동시에 그의 세계는 80년대 말에서 90년
대 중반까지 붐이었던 신^新본격 미스터리²³⁾의 축적으로부터
여러 가지 요소를 추출해 자유롭게 조합하여 만들어진 것이
기도 하다. 그리고 거기에서는 독자도 또한 같은 데이터베
이스를 공유한다. 수십 건의 밀실살인이나 십수 명의 탐정
이 계속 나뉘어 묘사되고 독자도 그것을 자연스럽게 허용하
는 현상은 세이료인이 읽히는 시장에서 탐정 상^像이나 트릭

이나 해결방법이 모두 모에 요소가 되어 있기 때문에 비로소 성립하는 것이다.

장르의 조건에 대한 이와 같은 자기 언급 의식은 아야쓰지 유키토綾辻行人나 노리즈키 린타로法月綸太郎 같은 선행 세대가 지향한 바가 계승된 것이기도 할 것이다. 다만 선행 세대의 의식이 어디까지나 미스터리의 규칙(코드)을 향해 있는 데 비해,* 세이료인의 의식은 모에 요소의 데이터베이스를 향해 있다는 커다란 차이가 있다. 90년대에 미스터리 시장이 크게 성장한 것은 주지의 사실이지만, 특히 젊은 독자에 관한 한 그 성장은 트릭의 교묘함을 이해하는 본격적인 독자보다도 오히려 교고쿠 나쓰히코京極夏彦[24]나 모리 히로시森博嗣[25]의 등장인물에 '열광해' 일러스트를 그리거나 2차창작을 하는 다른 종류의 독자들에 의해 뒷받침된 것이었다.

그리고 그와 같은 상황이 이제는 미스터리 이외에도 만연하고 있으며, 오타쿠계 활자문화는 전체적으로 작품이 아니라 캐릭터를 중심으로 만들어진 다른 종류의 논리로 움직이기 시작하고 있다. 세이료인의 소설은 실은 그러한 상황을 전제로 할 뿐 아니라 때로 그것을 희화화하듯이 씌어지고 있다. 예를 들어 그와 같은 캐릭터 중심의 시장을 염두에 두

---

* 90년대의 미스터리에서 '코드'의 탈구축 문제에 대해서는 가사이 기요시(笠井潔)의 『탐정소설론 II』가 가장 참고할 만하다.

면 삼백오십 명의 탐정이 "1반에서 7반까지 일곱 반으로 나뉘어" "두 달에 한 번 반을 바꿔서 하위반의 성적우수자와 상위반의 성적불량자가 가차없이 계속해서 교체된다"는 '일본 탐정 클럽'의 설정[*]은 거의 그 상황 전체의 패러디처럼 읽히기도 한다.

오타쿠계 소설은 이제 순수문학도 엔터테인먼트도 아니며, 오히려 애니메이션이나 게임이나 일러스트에 가까운 논리로 움직이면서 그와 가까운 시장에서 소비되고 있다. 자연주의적 리얼리즘에서 '애니메이션·만화적 리얼리즘'으로의 이행은 상업적으로는 이 시장의 변화에 의해 뒷받침되고 있다. 세이료인은 필자가 아는 한 그 변화에 가장 민감하게 반응하고 가장 근본적으로 소설쓰기의 방법을 바꿔버린 작가이다. 거기에서는 이미 현실(자연주의)이나 선행하는 허구(이야기 소비)가 아니라, 모에 요소의 데이터베이스가 가장 리얼한 것으로 느껴지고 있다.

---

[*] 『코즈믹』, 275쪽.

6. 시뮬라크르와 데이터베이스

시뮬라크르론의 결점

지금까지의 논의에서 이 장의 서두에 든 첫째 질문인 '포스트모던의 시뮬라크르는 어떻게 증가하는가'라는 의문은 오타쿠계 문화를 통해 한 가지 답이 나온 것으로 생각된다. 오타쿠계 문화의 표층은 시뮬라크르=2차창작으로 뒤덮여 있다. 그러나 그 심층에는 설정이나 캐릭터의 데이터베이스가, 더 거슬러가면 모에 요소의 데이터베이스가 존재한다. 언뜻 보아 무질서한 시뮬라크르의 범람으로 보이는 오타쿠들의 소비행동도 일단 이 데이터베이스의 수준에 주목하면 충분히 질서가 있고 이해하기 쉬운 것으로 모습을 바꿀 것이다.

그리고 이와 같은 관찰을 통해 서브컬처의 분석뿐 아니라 시뮬라크르의 기존 개념을 바꾸는 통찰을 얻을 수도 있을 것이다. 지금까지의 포스트모던론에서 시뮬라크르의 증가는 오리지널과 복제의 구별이 없어지는 데서 생기는 무질서한 현상이라고 받아들여지는 일이 많았다. 그럴 때 흔히 인용되는 것은 독일의 비평가인 발터 벤야민이 60년도 더 전에 쓴 「기술복제시대의 예술작품」이라는 짧은 논문이다. 거기에서 벤야민은 특정한 작품에 깃든 오리지널리티의 감각(아우라)은 그 작품의 존재를 만들어낸 '의식儀式'의 '일회성'에 의해 근거지어지는 것인데, 복제기술은 그 감각을 무효로 만들어버린다고 주장하여 유명해졌다.* 이 주장이 나중에 시뮬라크르론의 근간이 된다.

벤야민이 '아우라'를 파악하는 이러한 방식은 실은 앞에서 이야기한 트리 모델을 매우 잘 반영하고 있다. 오리지널을 대했을 때 감상자는 거기에서 뭔가 작품을 초월한 '의식'과의 유대감을 느낀다. 복제에는 그런 유대가 없다. 즉 오리지널과 복제의 구별은 그 의식과의 유대의 유무(아우라의 유무)에 의해 결정되는 것인데, 이것이 바로 근대적인 세계관을 반영한 미학인 것이다. 이 발상을 그림1a에 겹쳐서 나타내면 그림6a와 같이 될 것이다. 시뮬라크르의 전면화는 그 유대의 유무라는 기준 자체가 사라져 오리지널이든 복제든 가치에 변함이 없어지며, 모든 기호가 근거를 갖지 못하고

---

* 일본어역은 『보들레르』에 수록.

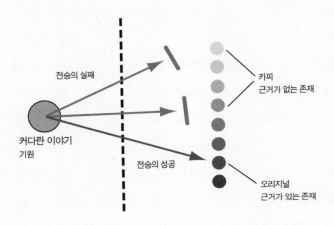

전승의 실패

카피
근거가 없는 존재

커다란 이야기
기원

전승의 성공

오리지널
근거가 있는 존재

부유하기 시작하는 사태를 의미한다.

따라서 지금까지의 포스트모던론의 문맥에서는 필자가 이 장의 서두에서 구별한 '시뮬라크르의 전면화'와 '커다란 이야기의 조락'이라는 두 현상은 실은 단 하나의 변화(트리 모델의 붕괴)의 앞면과 뒷면인 것으로 파악되어왔다. 물론 전자가 주로 기술적 발달로 촉발된 변화인 데 비해 후자는 어디까지나 사회적, 이데올로기적인 변화라는 본질적인 차이는 있지만, 양자에 공통되는 세계관의 변화 또한 부정할 수 없는 것이다. 실제로 기술복제시대의 도래와 이데올로기의 조락은 벤야민의 논문에서도 관련지어 논의되고 있으며, 또 보드리야르도 '이제는 이데올로기는 없고 시뮬라크르밖에 없다'면서 그 양자의 흐름을 확실히 상관관계로 파악하고 있다.*

그러나 지금까지 대부분의 포스트모던론은 그 트리 모델이 단순히 붕괴한 것이 아니라 데이터베이스 모델로 대체되었다는 사실을 그다지 자각하지 못했던 것 같다. 물론 암시적인 논의는 나타나 있다. 예를 들면 보드리야르는 마케팅이 침투하고 기호적인 소비가 만연한 현대사회에서 "우리는 물건을 사용하는 사람이라기보다 오히려 물건을 읽어내고 선택하는 사람으로서, 즉 독해의 세포로서 살고 있다"고 쓰고 있다.** 차이화된 상품이나 기호가 대량으로 저장되어 유통되고(이 총체를 보드리야르는 '하이퍼리얼리티'라 부른다), 이제 소비자는 그 조합으로밖에 개성=오리지널리티를 표현할 수 없다는 이 지적은 이 책에서 생각하는 데이터베이스 모델에 극히 가까운 현실을 파악한 것이다.

그러나 그 논의에서도 시뮬라크르의 수준과 데이터베이스의 수준이 명확하게 구별되어 2층구조로 파악되지는 않았다. 보드리야르의 '하이퍼리얼리티'는 시뮬라크르의 세계와 데이터베이스의 세계를 함께 의미한다. 오타쿠계 문화의 예로 말하면, 2차창작의 범람, 이야기 소비, 캐릭터 모에, 또

---

* 『상징교환과 죽음』, 14쪽.
** 같은 책, 152쪽.

디지캐럿과 같은 기형적인 디자인이 모두 하이퍼리얼리티라는 한마디로 정리될 수 있을 것이다.

오리지널 대 복제에서 데이터베이스 대 시뮬라크르로

그에 대하여 필자가 이 책에서 제시하고 싶은 것은, 이 사회를 가득 채우고 있는 시뮬라크르는 결코 무질서하게 증식한 것이 아니라 데이터베이스 수준에서의 뒷받침이 있기 때문에 비로소 유효하게 기능하고 있는 것이라는 다소 색다른 견해이다.

오타쿠계 문화는 2차창작으로 채워져 있다. 거기에서는 원작이나 2차창작이 마치 '동등한 가치'를 갖기라도 하는 것처럼 생산되며 소비되고 있다. 그러나 그 2차창작 모두가 같은 가치를 가지는 것은 아니다. 그래서는 시장이 육성되지 않는다. 실제로는 그들 시뮬라크르 아래에 좋은 시뮬라크르와 나쁜 시뮬라크르를 선별하는 장치=데이터베이스가 있어 항상 2차창작의 흐름을 제어하고 있는 것이다. 빗쿠리만 초코의 773장째 씰은 772장을 지탱하는 데이터베이스를 적절하게 공유해야만 하며, 그렇지 않으면 그것은 2차창작이라고 간주할 수 없다. 〈아야나미 육성계획〉도 〈에반겔리온〉과 세계관을 적절하게 공유해야 하며, 디지캐럿의 디자인 또한 90년대 후반의 모에 요소를 적절하게 샘플링하지 않으면 안 된다. 그와 같은 과정을 거치지 않고 단순히 무취미하게 만들어진 시뮬라크르는 시장에서 도태되어 사라져 갈 뿐이다.

이것은 바꾸어 말하면 포스트모던에서 종래의 오리지널과 복제의 대립 대신에 시뮬라크르와 데이터베이스라는 새로운 대립이 대두했다는 것을 의미한다. 예전에는 원작이 오리지널이고 2차창작이 복제였다. 작품의 우열의 기준은 그것밖에 없었다. 〈에반겔리온〉을 예로 들면, 안노 히데아키의 TV 시리즈는 작가성과 메시지가 결합된 '작품'이지만 아마추어가 만든 2차창작이나 상업적으로 만들어진 관련 기획은 어디까지나 복제에 지나지 않으며 사람들은 그 양자를 엄밀하게 구별하여 소비해야 하는 것이었다.

그러나 실제로는 최근 20년간 그 양자를 구별하지 않는 소비행동이 한층 힘을 더해가고 있다. 대신 거기에서 대두한 것이 지금까지 말한 것처럼 캐릭터나 설정이나 모에 요소의 데이터베이스이며, 이 데이터베이스와의 관련에 기초한 다른 종류의 기준이다. 거기에서 복제는 오리지널과의 거리가 아니라 데이터베이스와의 거리로 측정된다. 그 새로운 관계를 나타내면 그림6b와 같을 것이다.

오리지널의 오리지널로서의 불가사의한 매력, 그것은 현

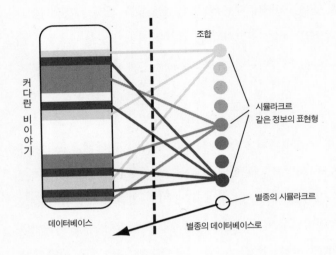

그림 6b
데이터베이스와 시뮬라크르

조합

시뮬라크르
같은 정보의 표현형

커다란 비이야기

데이터베이스

별종의 시뮬라크르

별종의 데이터베이스로

대사상에서는 종종 '작가성의 신화' 등으로 불려왔다. 80년대에서 90년대, 그리고 2000년대에 이르는 오타쿠계 문화의 변천을 개관하는 한, 이 영역에서도 그러한 신화는 급속히 쇠퇴하고 있다. 80년대를 대표하는 만화나 애니메이션 작가는 몇 명이나 들 수 있지만 90년대를 대표하는 작가라고 하면 곤란해지는 것이 전문가뿐 아니라 독자 대부분의 공통된 의견일 것이다. 이 특징은 저조한 상황의 징후로 받아들여질 수도 있겠지만, 실제로는 작가의 이름을 들 수 없다는 바로 이 사실에 90년대 오타쿠계 문화의 본질이 나타나 있는 것이다. 거기에서는 이미 작가는 신은 아니다. 그러므로 이름도 들 수 없다. 그 대신에 신들이 된 것은 모에 요소이다.

90년대를 대표하는 모에 요소가 무엇이냐고 한다면 그 방면에 다소 조예가 깊은 소비자라면 얼마든지 열거할 수 있을 것이다.

2차창작의 심리

오타쿠계 문화의 시장은 시뮬라크르와 데이터베이스의 2층 구조로 성립되어 있다. 이 단순한 사실을 아는 것은 오타쿠들의 의도를 오해하지 않기 위해서도 중요하다. 예를 들면 시뮬라크르의 범람이라는 오타쿠계 문화의 현실은 관점에 따라서는 대단히 과격하고 무정부주의적인 것으로도 보인다. 그러나 실제로는 2차창작 작가에게 그와 같은 공격적인 의식은 보이지 않는다. 그들은 오히려 한편으로 원작을 주저 없이 패러디하고 잘게 나누어 리믹스하면서도, 다른 한편으로는 그 작업을 원작의 침해라고 생각하지는 않지만 원작자의 클레임을 받으면 당장 2차창작을 그만두는 보수성을 가지고 있다.

이 양면성은 일견 불가해하지만 앞에서 말한 2층구조를 알면 쉽게 이해할 수 있다. 몇 번이나 반복해서 이야기했듯이 오타쿠계 문화에서는 원작과 2차창작이 모두 시뮬라크르로 간주되며 양자 사이에 원리적인 우열은 없다.

오히려 작품의 핵은 설정의 데이터베이스에 있다. 따라서 오타쿠들의 감각으로는 2차창작이 아무리 작품으로서의 원작(시뮬라크르의 수준)을 침해했다고 해도 정보로서의 원작(데이터베이스의 수준)의 오리지널리티는 지켜지고 있으며 또 존중되고 있기도 하다. 거꾸로 2차창작 작가들 쪽에서는 시뮬라크르가 늘어날수록 원작의 가치는 점점 높아진다는 정도로 생각하고 있을 것이다. 물론 현실적으로는 저작권이라는 존재가 있는 한 이와 같은 감각을 그대로 긍정할 수는 없다. 그러나 코미케가 탄생해 사반세기가 지난 지금, 그와 같은 심리의 배경을 알아두는 것은 중요하다.

무라카미 다카시와 오타쿠의 불일치

또 그와 같은 기본적인 이해는 오타쿠계 문화의 성과를 그 바깥으로 이끌어내려 할 때에도 필요하다. 최근 수년간 오타쿠계 문화와 그 바깥의 연결을 가장 정력적으로 시도해온 것은 앞에서도 몇 번 언급한 현대미술가 무라카미 다카시村上隆이다.

무라카미는 62년생으로 오타쿠라면 제1세대에 해당하며, 애니메이션이나 피규어에서 영향을 받은 작품을 많이 발표하면서 '완전한 오타쿠가 되지 못한 오타쿠'를 자칭하고 있

다. 그의 작품은 〈DOB〉 연작이나 〈S·M·P·ko2〉 연작에서
보이는 것처럼 오타쿠계 문화에서 독특한 발달을 이룬 캐릭
터 디자인에 주목해 그 특징을 그로테스크할 정도까지 강조
하고 해체하고 변형함으로써 만들어지고 있다. 필자는 그
이미지가 오타쿠적인 시뮬라크르의 이형異形을 미술작품으
로 승화시킨 뛰어난 시도라고 생각하지만,* 오타쿠들의 평
가는 그다지 높지 않다. 그뿐 아니라 무라카미의 시도는 그
의 작품에 협력하고 있는 오타쿠들로부터도 종종 비판을 받
고 있다.

---

* 가령 〈S·M·P·ko2〉의 'B형태'라 불리는 작품은 등신대의 피규어이다.
이 조형은 소녀(A형태)에서 전투기(C형태)가 되는 가상의 변형과정의 중간
이라는 설정이며, 녹색의 머리나 흰 보디슈트 등 오타쿠적인 의장(意匠)을 조
합해 만들어져 있다. 그러나 여기에서 주목해야 하는 것은 그 기수(機首) 부분
에 새겨진 리얼한 여성의 성기이다.
　나중에 본문에 등장하는 정신과 의사 사이토 다마키(齋藤環)는 『전투미소
녀의 정신분석』에서 오타쿠들의 성적 욕망이 '철저하게 공허한 존재'인 '페니
스와 동일화한 소녀'를 향해 있다고 논하고 그 소녀의 이미지를 '전투미소녀'
라 불렀다. 알기 쉽게 바꾸어 말하면, 오타쿠계 문화에서 소비되는 소녀의 이
미지는 현실의 여성과는 관계없이 오히려 오타쿠들 자신의 페니스에 대한 집
착이 투영된 것, 즉 나르시시즘의 투영에 의해 만들어진 페티시라는 것이다.
전라의 소녀가 페니스적인 형태를 가진 기계로 변형하는 〈S·M·P·ko2〉연작
은 바로 이 사이토와 같은 통찰에 의해 만들어진 것이다. 즉 무라카미는 거기
에서 '전투미소녀란 실은 오타쿠들 자신의 페니스이다'라는 감춰진 구조를
페니스와 닮은 기수(機首)에 새긴 여성 성기로 작품화해 오타쿠들에게 들이
밀고 있는 것이다. 무라카미 작품의 매력과 비평성은 이러한 문맥에서 보면
아주 잘 이해할 수 있다.

무라카미와 오타쿠들 사이의 이와 같은 불일치의 이유는 여러 가지를 들 수 있겠지만, 그 하나는 위와 같은 오타쿠계 문화의 구조적인 특징에 있다. 피규어 원형사이자 편집자이며 〈S·M·P·ko2〉 제작의 중심인물이기도 했던 아사노 마사히코あさのまさひこ[27]는 어느 이벤트에서 무라카미에게는 '오타쿠 유전자'가 결여되어 있다고 말한 바 있다.* 아마 그가 말하고 싶었던 것은 무라카미에게는 오타쿠계 작품을 '오타쿠적'이게 하는 여러 가지 특징을 직감적으로 파악하는 능력, 즉 모에 요소를 파악하는 능력이 결여되어 있다는 점일 것이다.

본래 현대미술의 비평적인 세계에서는 시뮬라크르의 생산은 '새로운 전위를 구성하기 위한 무기'로 자리매김되어 있다.** 그리고 필시 무라카미 또한 당초에는 오타쿠계 문화의 표층에 대해 그와 같은 '전위'로서의 매력을 느끼고 있었을 것이다. 그런 문맥에서 이해하면 〈DOB〉나 〈S·M·P·ko2〉는 확실히 오타쿠적인 디자인이 가진 가장 과격하면서도 무근거한 부분을 추출해 순수화하여 만들어진 작품이며 그 점에서 높이 평가될 만한 자질을 갖추고 있다. 그러나 오

---

* 앞에서 언급한 '원더 페스티벌 2000'에서 행해진 아사노 마사히코와 무라카미와 저자의 토크쇼 '보이지 않는 것을 보이게 하다'에서의 발언.
** 사와라기 노이(椹木野衣)의 기술. 『시뮬레이셔니즘』, 11쪽.

타쿠들에게는 무라카미의 그 실험은 모에 요소의 데이터베이스를 이해하지 못하고 디자인이라는 시뮬라크르만(즉 표층만) 추출하여 모방한 불완전한 시도에 지나지 않는다. 시뮬라크르에 대한 이와 같은 생각의 차이가 무라카미의 시도에 대한 현대미술 측의 평가와 오타쿠 측의 평가에 커다란 차이를 낳고 있다.

무라카미의 시도가 아무리 오타쿠적인 의장을 빌려왔다고 해도 데이터베이스의 수준이 없으면 본질적으로 오타쿠적인 것이 아니다. 그것이 그의 미술가로서의 평가를 높이는지 어떤지는 모르겠지만, 오타쿠적인 디자인을 빌리는 것과 그 배후에 있는 문화적인 구조를 이해하는 것 사이의 이러한 차이에 대해서는 민감해지는 것이 좋을 것이다. 하지만 필자의 개인적인 의견으로는 무라카미의 시도는 오타쿠계 문화의 구조를 이해하고 있지 않기 때문에 오히려 그 일면을 날카롭게 파헤치고 있는 점이 있으며, 그런 점에서 결코 차용에 그치지만은 않았다고 생각한다. 디지캐럿을 비롯한 오타쿠계의 디자인은 때로 매우 과격한 지점에 도달해 있지만 작가의 의식으로는 모에 요소의 조합에 지나지 않기 때문에 그 과격함을 당사자가 자각하지 못하는 일이 종종 일어나고 있다. 무라카미의 작품은 그와 같은 무자각을 깨는 하나의 계기가 될 것이다.

7. 스노비즘과 허구의 시대

헤겔적 '역사의 종언'

그러면 다음으로 이 장의 서두에서 든 둘째 질문, '포스트 모던에서 초월성의 관념이 조락한다면, 인간성은 어떻게 되는 것일까?' 라는 또하나의 문제로 나아가기로 하자. 이 질문에 답하기 위해서는 우선 이상과 같은 데이터베이스 소비의 대두나 포스트모던의 2층구조가 무엇을 의미하는지, 일본의 상황론을 떠나 보다 넓은 세계사적인 시야 속에 자리매김할 필요가 있다.

1장에서 코제브라는 철학자에 대해 언급한 것을 기억하고 있을지 모르겠다. 코제브는 러시아 출신의 프랑스 철학자로 30년대에 헤겔 철학에 대한 독특한 강의를 한 것으로 유명하다. 그것은 나중에 『헤겔 독해 입문』으로 출판되었다.

헤겔 철학은 19세기 초에 만들어졌다. 거기에서는 '인간'은 우선 자기의식을 갖는 존재이며 마찬가지로 자기의식을 갖는 '타자'와의 투쟁에 의해 절대지絶對知나 자유나 시민사회를 향해 가는 존재라고 규정하고 있다. 헤겔은 이 투쟁의 과정을 '역사'라 불렀다.

그리고 헤겔은 이런 의미에서의 역사는 19세기 초 유럽에서 끝났다고 주장했다. 이 주장은 언뜻 보아 이상하게 생각되지만, 실은 지금까지도 강한 설득력을 가지고 있다. 그도 그럴 것이, 그는 근대사회가 탄생할 때 바로 그 탄생이야말로 '역사의 종언'이라고 선언했기 때문이다. 그의 주저 『정신현상학』이 나폴레옹이 예나를 침공하기 전날 바로 그 예나에서 탈고된 것이라는 사실은 유명한 이야기이다. 물론 서구형 근대사회의 도래를 두고 역사의 완결이라고 한 이같은 생각은 나중에 민족중심주의적인 것으로 철저히 비판받았다. 그러나 다른 한편으로 헤겔 이후 2세기 동안 근대적 가치관이 전 세계를 뒤덮고 있었다는 현실이 있는 이상 그 역사관을 여간해서는 논박하기 어려운 것도 사실이다.

미국적 '동물로의 회귀'와 일본적 스노비즘

어쨌든 여기에서 중요한 것은 헤겔이 아니라 그 역사철학에 코제브가 가한 어떤 해석이다. 보다 정확하게는 그가 강의한 20년 후에 『헤겔 독해 입문』의 2판에 덧붙인 것으로 그

이후 적어도 일본에서는 유명해진 어떤 각주이다. 1장에서
도 간단히 소개한 것처럼 거기에서 코제브는 헤겔적인 역사
가 끝난 뒤 사람들에게는 두 가지 생존양식밖에 남아 있지
않다고 주장하고 있다. 그 하나는 미국적인 생활양식의 추
구, 그가 말하는 '동물로의 회귀'이며 또하나는 일본적인 스
노비즘이다.

　코제브는 전후 미국에서 대두한 소비자의 모습을 '동물'
이라고 부른다. 이와 같은 강한 표현이 쓰인 것은 헤겔철학
의 독특한 '인간' 규정과 관계가 있다. 헤겔에 의하면(보다
정확하게는 코제브가 해석하는 헤겔에 의하면), 호모 사피엔
스는 그 자체로 인간적인 것은 아니다. 인간이 인간적이기
위해서는 주어진 환경을 부정하는 행동이 있어야만 한다.
바꾸어 말하면, 자연과의 투쟁이 있어야만 한다.

　이에 비해 동물은 항상 자연과 조화를 이루며 살고 있다.
따라서 소비자의 '필요'를 그대로 충족시키는 상품에 둘러
싸여 또 미디어가 요구하는 대로 모드mode가 바뀌어가는 전
후 미국의 소비사회는 그의 용어로는 인간적이라기보다 오
히려 '동물적'이라고 불리게 된다. 거기에는 굶주림도 투쟁
도 없는 대신 철학도 없다. "역사의 종언 이후 인간이 그들
의 기념비나 다리나 터널을 건설한다고 해도 그것은 새가
집을 짓고 거미가 거미줄을 치는 것과 같은 것이며, 개구리

나 매미처럼 콘서트를 열고 새끼 동물이 노는 것처럼 놀며 다 자란 짐승이 하는 것처럼 성욕을 발산하는 것과 같을 것이다"고 코제브는 초조하게 기술하고 있다.*

다른 한편 '스노비즘'이란 주어진 환경을 부정할 실질적인 이유가 아무 것도 없음에도 불구하고 '형식화된 가치에 입각해' 그것을 부정하는 행동양식이다. 스놉은 환경과 조화하지 않는다. 비록 거기에 부정의 계기가 전혀 없다고 해도 스놉은 그것을 굳이 부정하고 형식적인 대립을 만들어내어 그 대립을 즐기고 애호한다. 코제브가 그 예로 들고 있는 것은 할복자살이다. 할복에서는 실질적으로는 죽을 이유가 아무것도 없는데도 명예나 규율이라는 형식적인 가치에 입각하여 자살이 행해진다. 이것이 궁극의 스노비즘이다. 이와 같은 삶의 방식은 부정의 계기가 있다는 점에서 결코 '동물적'이지는 않다. 그러나 그것은 또 역사시대의 인간적인 삶의 방식과는 다르다. 스놉들의 자연과의 대립(예를 들면 할복할 때의 본능과의 대립)은 이미 어떤 의미에서도 역사를 움직일 수 없기 때문이다. 순수하게 의례적으로 수행되는 할복은 아무리 그 희생자의 시체가 쌓여도 결코 혁명의 원동력은 되지 않는 것이다.

---

*『헤겔 독해 입문』, 245쪽. 아래의 121, 123쪽 주와 마찬가지로 인용 부분은 원저에서 번역한 것으로 일본어역과는 다소 차이가 있다.

오타쿠계 문화가 세련화한 일본적 스노비즘

코제브의 이 논의는 짧은 일본 체재와 직관에만 기초한 것으로 다분히 환상이 들어가 있다. 그러나 일본 사회의 중핵에 스노비즘이 있으며 앞으로는 그 정신이 문화적인 세계를 지배할 것이라는 그 직관은 지금 돌아보건대 적확하다고 할 수 있다.

왜냐하면 바로 그의 지적 이후 일본에서 오타쿠계 문화가 출현해 에도 문화의 후계자를 자임하면서 새로운 스노비즘을 세련화했기 때문이다. 몇 번이나 참고로 한『오타쿠학 입문』에 따르면 오타쿠적 감성의 기둥을 이루는 것은 '속고 있다는 것을 알면서도 진정으로 감동하는' 거리감이다. 오타쿠들은 "애들 장난 같은 프로그램을 어른이 되어서 본다는 것이 상당히 무의미한 행위"라는 것도 알고 있다.* 예를 들면 그들에게 매우 인기 있는 특수촬영 드라마나 로봇 애니메이션은 어느 것이나 설정이 비슷하고 이야기 전개도 비슷하므로, 그렇게만 본다면 개개의 작품은 전혀 무의미하다고 할 수도 있다. 그러나 오카다 도시오가 설명하는 것과 같은 오타쿠적 감성은 확실히 그 실질적인 무의미에서 형식적인

---

* 『오타쿠학 입문』, 121쪽.

가치, '취향'을 분리해냄으로써 성립하고 있다. 이와 같은 분리는 코제브가 기술한 스노비즘의 특징 그 자체이다.

예를 들면 코제브는 "포스트 역사의 인간은 (……) 그 형식을 내용에서 계속 분리해내지 않으면 안 된다. 그러나 그 것은 내용을 행동에 의해 변질시키기 위해서가 아니라 순수한 형식으로서의 자기를 어떠한 내용으로서 파악된 자기 및 타자에 대립시키기 위함이다"라고 기술하고 있다.* 이와 같은 설명은 상당히 이해하기 어렵지만,『오타쿠학 입문』이 묘사하는 오타쿠들의 소비행동과 비교하면 아주 구체적으로 이해할 수 있다.

포스트 역사의 인간＝오타쿠들은 오타쿠계 작품의 가치와 패턴을 완전히 알고 있으면서도 거기에서 굳이 취향을 분리해낸다. 즉 '형식을 내용에서 계속 분리해낸'다. 그러나 그것은 작품에서 의미를 받아들이거나 사회적 활동에 발을 들여놓기 위해서가 아니라 순수한 방관자로서의 자기(＝'순수한 형식으로서의 자기')를 확인하기 위해서이다. 오타쿠들은 이와 같이 코제브가 50년 전에 예견한 '포스트 역사'의 생존양식을 어떤 의미에서 체현하고 있다. 오카다나 무라카미가 오타쿠에서 세계의 미래를 본 것에도 그 나름의 옳은

---

*『헤겔 독해 입문』, 247쪽. 일부 인용부호는 생략했다.

점은 있었던 것이다.

냉소주의에 지배된 20세기

코제브가 '스노비즘'이라 부른 세계에 대한 태도는 나중에
슬로베니아 출신의 정신분석학자 슬라보예 지젝에 의해 '냉
소주의cynicism'라 불리며 보다 자세히 이론화되었다. 그는 냉
소주의의 예로 종종 냉전기의 스탈린주의를 들었다. 1989년
에 출판된 『이데올로기라는 숭고한 대상』에서는 다음과 같이
기술하고 있다.

이 연관(헤겔 철학과 라캉 학파의 관계 — 옮긴이)을 예증
하기 위해 스탈린주의를, 특히 어떠한 대가를 치르더라도 겉
모습을 유지해야만 한다는 그 강박관념적인 집착을 예로 들어
보자. 스탈린주의의 강박관념이란 이렇다. 우리는 모두 무대
뒤에서 거친 당파투쟁이 계속되고 있다는 것을 알고 있다.
그럼에도 불구하고 당의 통일이라는 겉모습은 어떤 대가를
치르고라도 유지되어야 한다. 사실은 누구도 지배적인 이데
올로기 따위를 믿지 않는다. 누구나 거기에서 냉소적인 거리
를 유지하고 있으며, 그 이데올로기를 믿는 사람은 아무도
없다는 것을 누구나 잘 알고 있다. 그럼에도 또한 인민이 정

열적으로 사회주의를 건설하고 당을 지지한다는 등의 겉모
습은 뭐가 어떻다 해도 유지되어야 하는 것이다. (……) 그러
므로 스탈린주의는 대문자 타자의 존재를 나타내는 존재론
적인 증거로서 가치가 있다고 할 수 있다.*

스탈린주의의 지지자는 사실은 그것이 거짓이라는 것을
알고 있다. 그러나 그들은 그렇기 때문에 더욱 그것을 믿는
척하기를 그만두지 못한다. 실질과 형식의 이 뒤틀린 관계
는 코제브가 '스노비즘'이라 부른 태도와 같은 것이다. 스놉
하고 냉소적인 주체는 세계의 실질적인 가치를 믿지 않는
다. 그러나 그렇기 때문에 더욱 그들은 형식적 가치를 믿는
척하기를 그만두지 못하며, 때로 그 형식=겉모습 때문에
실질을 희생하는 일도 마다하지 않는다. 코제브는 이 '그렇
기 때문에 더욱'을 주체의 능동성으로 파악했지만, 지젝은
그러한 전도轉倒가 오히려 주체로서는 어찌할 수 없는 강제
적인 메커니즘이라고 설명한다. 사람들은 무의미하다는 것
을 알면서도 할복을 자행하고 거짓이라는 것을 알면서도 스
탈린주의를 믿는다. 그리고 그것은 싫어도 그만두지 못하는
것이다.

---

*『이데올로기라는 숭고한 대상』, 298~299쪽.

지젝의 이론에 의하면 이 역설은 인간 심리의 원리와 관계가 있다. 따라서 그의 저작을 읽어보면 '그렇기 때문에 더욱'이라는 전도는 그리스 철학에서 히치콕이나 코카콜라에 이르기까지 모든 시대 모든 장소에서 확인되는 것으로 씌어 있다.

그러나 필자의 생각으로는 그와 같은 보편성은 조금 의심스럽다. 여기에서 그 상세한 근거를 논할 여유는 없지만, 한 가지 『이데올로기라는 숭고한 대상』의 냉소주의론이 원래 독일의 비평가 페터 슬로터디크가 1983년에 출간한 『냉소적 이성 비판』을 토대로 만들어졌다는 것만은 주의해두었으면 한다. 슬로터디크가 검토한 냉소주의는 어디까지나 20세기적 현상이다. 그는 다음과 같이 기술하고 있다.

1차대전은 근대 냉소주의의 전환점을 의미한다. 대전에 의해 종래의 소박함에 대한 부식, 분해가 본격화된다. 예를 들면 전쟁의 본질이나 사회질서, 진보, 시민적인 가치, 요컨대 시민문명 전반의 본질에 대한 소박한 견지가 무너져간다. 이 전쟁 이래로 유럽의 여러 대국을 뒤덮은 이 산란한 분열증적 풍토가 걷힌 사례는 전혀 없다. (……) 모든 '긍정'은 이 이후 '그렇다 하더라도'밖에 없고, 그것도 그 밑바닥은 잠재적인 절망에 의해 침식되어 있다.[*]

1차대전의 경험과 그 결과 찾아온 유럽의 황폐는 계몽이나 이성에 대한 19세기적인 신뢰를 철저하게 파괴해버렸다. 필자의 생각으로는 지젝의 냉소주의론은 그 자신의 주장과는 달리 인간의 보편적 원리라기보다는 오히려 이 전쟁의 결과로 생겨난 '20세기의 정신'의 분석으로서 정교하게 만들어져 있다. 이는 어떤 의미에서 당연하다. 왜냐하면 그가 빈번하게 참조하는 프랑스의 정신분석학자 자크 라캉의 이론 자체가 실은 그같은 세계대전의 경험에서 도출된 것이기 때문이다. 예를 들어 라캉은 프로이트 중에서도 만년의 연구(죽음 충동과 반복강박)에 주목하고 있는데, 그것은 바로 1차대전 당시부터 전후에 걸쳐 생겨난 것이다. 게다가 프로이트와 더불어 그에게 영향을 준 하이데거의 철학이나 초현실주의 운동도 모두 같은 시대에 생겨났다. 따라서 앞에서 말한 지젝의 분석은 실은 1차대전에 의해 생겨난 현실(냉전기의 이데올로기)을 1차대전에 의해 생긴 이론(라캉)으로 설명하려는 시도였던 것이다. 여기에서 구체적으로 소개할 수 없는 것이 유감이긴 하지만, 지젝의 여러 문화비평이나 사회비평은 이와 같은 거리를 두고 읽어보면 아주 잘 다듬어져 있다. 그의 저작에서는 거의 모든 현상이 냉소주의의 전

---

* 『냉소적 이성 비판』, 135쪽.

도에 의해 설명되는데, 실은 그것은 지나간 20세기 우리 사회가 바로 냉소주의에 의해 지배되었다는 사실을 반영하는 것이다.

이 장의 서두에 설명한 것처럼 포스트모던이란 70년대 이후의 문화적 세계를 의미한다. 그러나 보다 넓게 보면 복제기술의 등장이든 정보이론의 기원이든 인간관의 변모든, 포스트모던적 맹아의 많은 부분은 20년대나 30년대까지 거슬러올라갈 수 있다. 앞에서 말한 벤야민의 논문이 1936년의 것이며, 무엇보다도 계몽이나 이성 같은 '커다란 이야기'가 처음으로 조락하기 시작한 것이 1차대전의 일이었다. 그리고 역으로 그 조락이 완전히 표면화한 것은 냉전이 붕괴하고 공산주의라는 최후의 커다란 이야기의 망령조차 없어진 1989년의 일이라고 할 수 있다. 따라서 근대에서 포스트모던으로의 이행은 70년대를 하나의 중심으로 해 1914년에서 1989년까지의 75년간에 거쳐 완만히 이루어진 것이라고 생각할 수 있을 것이다(그림7).

지젝은 그 긴 이행기의 정신을 가장 훌륭하게 반영해 그 구조를 가장 알기 쉽게 이론화한 사상가일 것이다. 20세기란, 한마디로 말하면, 초월적인 커다란 이야기는 이미 없어졌으며 또 누구나 그 사실을 알고 있지만, 그렇기 때문에 더욱 그것의 가짜를 날조하고 커다란 이야기의 겉모습을, 즉

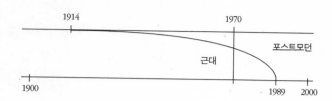

그림 7
근대에서 포스트모던으로의 이행

1914   1970

포스트모던

근대

1900   1989   2000

사는 것에 의미가 있다는 겉모습을 믿어야 했던 시대인 것
이다. 바꾸어 말하면 어정쩡하게 포스트모던적인 시대였던
것이다. 산다는 것은 무의미하지만 무의미하기 때문에 산다
는 역설은, 지금이야 이미 그 무게를 잃어버렸지만 지난 냉
전시대에는 지극히 절박한 사고방식이었음에 틀림없다.

오타쿠의 스노비즘에 보이는 냉소주의

그리고 이와 같은 시점에서 보면 앞에서 말한 것과 같은
오타쿠의 스노비즘은 에도 문화의 형식주의의 연장선상에
있는 것임과 동시에 이 세계적인 냉소주의적 흐름의 한 표
출이라는 점을 알 수 있다. 스탈린주의하의 시민과 일본의
오타쿠는 분명 정치적인 긴장도 사회적인 조건도 다르므로
양자를 비교한다는 것이 우스운 일일지도 모른다. 그러나
양자는 모든 것의 가치가 상대화되어버린 후, 무의미한 것
에서 억지로 의미를 찾아내고 어느새 그 '억지로'에서 빠져

나오지 못하게 된다는 심리적인 과정에서는 공통점이 있다. 그렇기 때문에 코제브는 일본에 대해 거의 모르면서도 오타쿠적 감성의 대두를 예견할 수 있었던 것이다.

선행하는 오타쿠론 중에서는 앞에서도 언급한 오사와 마사치가 이와 같은 면을 언급하고 있다. 앞에서도 말한 바와 같이 그는 오타쿠의 특징을 조락한 커다란 이야기(초월적 타자의 심급)를 서브컬처로 메우려고 하는 데서 찾고 있다. 앞에서는 이야기하지 않았지만 실은 그는 거기에서 지젝을 참고로 했고, 지금까지의 냉소주의론과 완전히 겹치는 형태로 오타쿠론을 전개하고 있다. 오사와는 오타쿠들에게서는 "제삼자의 심급의 일차적인 붕괴를 전제로 한 제삼자의 심급의 이차적인 투사가 생기고" 있고, 그 투사는 현대사회에서 살아가기 위한 '고육지책'이라고 주장하고 있다.* 이 오사와의 용어는 특수하지만 이 책의 표현으로 고치면 '제삼자의 심급'이란 초월론적 타자=커다란 이야기를 말하며 '이차적인 투사'란 서브컬처에 의한 날조를 말한다. 오타쿠들에게는 본래의(일차적인) 커다란 이야기가 붕괴하고, 그 전제하에서 커다란 가짜 이야기(이차적인 투사)가 만들어져 있다. 그리고 그들은 그 가짜를 손에서 뗄 수 없다.

---

* 『전자미디어론』, 279, 286쪽.

이상의 시대와 허구의 시대

그리고 오사와는 이를 전제로 『허구시대의 끝』이나 『전후의 사상공간』 등의 저작에서 한층 심도 있는 지적을 하고 있다. 오사와에 의하면 전후 일본의 이데올로기적 상황은 1945년에서 1970년까지의 '이상理想의 시대'와 1970년부터 1995년까지의 '허구의 시대'로 나뉜다. 이 책의 표현으로 말하면 '이상의 시대'란 커다란 이야기가 그대로 기능하고 있었던 시대, '허구의 시대'란 커다란 이야기가 가짜로서밖에 기능하지 않는 시대이다. 이 틀 속에서는 오타쿠적인 이야기 소비＝허구 중시는 "소비사회적 냉소주의가 철저화된 형태"로서 종전終戰부터 80년대까지를 일관하는 흐름 위에서 이해된다. 그리고 1995년의 옴 진리교 사건은 바로 그 흐름의 끝자락에 위치하고 있다. "연합적군 — 및 거기에서 동시대성을 감지한 사람들 — 이 이상의 시대의 종언(또는 극한)을 대표한다면, 옴 진리교는 허구의 시대의 종언(극한)을 대표하는 위치를 담당했던 것이다."*

1914년부터 1989년까지의 75년간은 19세기적인 근대에서 21세기적인 포스트모던으로의 긴 이행기였다. 이 이행기

---

*『전후의 사상공간』, 228쪽, 『허구시대의 끝』, 40쪽.

의 시대정신은 냉소주의 혹은 스노비즘으로 특징지을 수 있으며, 그것은 냉전으로 절정에 달했다. 그러나 일본에서 그 과정은 1945년의 패전으로 한 번 절단되었다. 그리고 거꾸로 부흥기에서 고도성장기에 걸쳐 일본은 오히려 교육기관이나 사회조직 등 사회의 이데올로기 장치를 강화하고 커다란 이야기=국가목표를 부활시킴으로써 위기를 극복해왔다. 실제로 이 시기의 효율적인 경제성장은 전쟁중의 총력전체제가 남긴 법제도나 행정 시스템에 크게 뒷받침되고 있었다. 그리고 그 통합이 다시 느슨해진 것이 70년대이며 그 결과 일본에서는 포스트모던으로의 이행은 70년대에 들어 겨우 본격적으로, 그러나 그만큼 급속히 진전되었던 것이 아닐까? 오사와가 논한 '이상의 시대'와 '허구의 시대'의 대립이 명확한 것은 이와 같은 일본의 독자적인 상황에 기초하고 있기 때문이다.

8. 해리적解離的 인간

잘 만들어진 well-made 이야기에 대한 욕구

그러나 오사와도 강조하는 것처럼, 우리들은 이미 '허구의 시대'에 살고 있지 않다. 냉소주의＝스노비즘의 정신은 이미 세계적으로도 일본적으로도 유효성을 잃었고 이제는 새로운 주체형성의 모델이 대두하고 있다. 이와 같은 폭넓은 시야를 가지고 보면 지금까지 검토해온 이야기 소비에서 데이터베이스 소비로의 이동도 또한 단순히 서브컬처 내부에서의 변화가 아니라 보다 큰 움직임의 반영이라는 것을 알 수 있다. 그렇다면 그 데이터베이스 소비의 배후에는 어떠한 모델이 엿보이는 것일까?

그것을 생각하기 위해 주목해야 하는 것은 최근 10년간 오타쿠계 문화에서 커다란 이야기의 조락과 반비례해 작품 내의 드라마에 대한 관심이 점점 높아지고 있다는 사실이다. 필자는 지금까지 이제는 오타쿠계 문화에서 커다란 이야기는 필요하지 않다고 논해왔다. 그러나 현실적으로는 〈에반겔리온〉 이후, 소설 붐이나 만화의 이야기 회귀에서 보이듯이 독자나 시청자를 일정 시간 동안 지루하지 않게 하고 적당히 감동시키며 적당히 생각하게 하는 잘 만들어진well-made 이야기에 대한 욕구는 오히려 높아지고 있는 것으로 보인다. 그리고 필자의 생각으로는 바로 이 모순이야말로 데이터베이스 소비를 담당하는 주체의 성질을 한층 분명하게 나타내주고 있다.

'읽는' 게임이 오타쿠계 문화의 중심으로

구체적 예에 따라 검토해보자. 90년대의 오타쿠계 문화에서는 '미소녀 게임'이라 불리는 컴퓨터 게임이 중요한 역할을 해왔다. 이 장르는 1982년에 생겨나 90년대 전반에 다양화되고 90년대 후반에 전성기를 맞이했다.* 미소녀 게임은 기본적으로 성인용 게임이며 주로 게임기(패미컴이나 플레이스테이션)가 아닌 PC로 플레이된다. 그 기본적인 형식은 플레이어가 여러 명의 여성 캐릭터를 여러 가지 시스템을 통해 '공략'해 그 대가로 주어지는 포르노그래픽한 일러스

---

* 미소녀 게임의 역사를 대략적으로 파악하는 데는 『PC 미소녀 게임 역사 대전(大全)』이 유용하다.

트를 감상하는 극히 단순한 것이다. 그러나 이 단순함이 오히려 흥미로운 시도를 이끌어내왔다.

그중에서도 여기에서 주목하고 싶은 것은 90년대 후반 미소녀 게임의 융성을 지탱하고 대량의 2차창작과 관련 상품을 만들어내며 〈에반겔리온〉 이후 오타쿠계 문화의 중심을 담당해왔다고 할 수 있는 '노벨 게임'이라 불리는 서브컬처이다.

노벨 게임이란 일반적으로는 일찍이 게임북 등에서 시도되고 있었던 멀티 스토리, 멀티 엔딩 소설을 컴퓨터 화면상에서 화상이나 음악과 함께 '읽는' 게임을 의미한다. 그 기본적인 화면은 에마키絵巻物[28]나 가미시바이紙芝居[29]를 상상하면 알기 쉽다. 이 시스템은 90년대 초에 슈퍼패미컴 용 게임 〈오토기리소弟切草〉[30]에서 확립되었는데, 1996년에 만들어진 〈시즈쿠〉를 계기로 미소녀 게임의 세계에 도입되었다. 〈시즈쿠〉는 제2세대 오타쿠들이 중심이 된 제작사 리프Leaf에 의해 만들어진 것으로, 후속작 〈키즈아토〉 〈To Heart〉와 함께 지금도 컬트적인 인기를 자랑하고 있다.

노벨 게임의 플레이어는 기본적으로 텍스트를 읽고 준비된 선택지를 선택하는 것밖에 할 수 없다. 그 자유도는 액션 게임이나 롤플레잉 게임과 비교하면 압도적으로 낮고, 또 동영상이나 리얼타임 3D 화상이 쓰일 여지도 거의 없다. 따라서 게임기의 기술적 진보는 노벨 게임에는 역풍이 되었지만 저예산으로 만들어진 성인용 컴퓨터 게임의 세계에서는 거꾸로 그 빈곤함이 이점이 되었다. 앞으로 '노벨 게임'이란 특별한 말이 없는 한 이 후자의 노벨 게임(미소녀 게임 중의 노벨 게임)을 의미한다. 어쨌든 최근에는 게임기로 발매되는 노벨 게임의 대다수는 미소녀 게임을 이식한 것이다.

노벨 게임의 플레이어는 다른 많은 게임과 달리 압도적으로 수동적이다. 플레이 시간의 대부분 플레이어는 단지 텍스트를 읽고 일러스트를 볼 뿐이다. 물론 최근에는 배경음악을 충실히 하고 대사에 유명한 성우를 기용하고 동영상을 삽입한 게임도 많고, 그중에는 흥미로운 시도도 보인다. 하지만 그 중심이 텍스트와 일러스트라는 사실은 역시 변함이 없다. 몇 년 전까지는 데이터 양이 많은 음성이나 동영상은 가정용 컴퓨터에서 처리하기가 어려워 쓰고 싶어도 쓸 수 없었다. 이와 같은 제한 때문에 노벨 게임의 진보는 거의 필연적으로 쉽게 감동할 수 있는(울 수 있는) 텍스트와 쉽게 감정이입할 수 있는(열광할 수 있는) 일러스트의 추구로 집중하게 되었다. 멀티 스토리, 멀티 엔딩이라는 구조도 이런 경향을 뒷받침했다. 스토리가 여러 가지이고 엔딩이 여러 가지(공략할 수 있는 여성이 여럿 마련되어 있다)라는 것은 되도록 많은 이야기와 되도록 많은 캐릭터를 필요한 모듈

To Heart
게임 제작 : 리프

module의 조합에 의해 효과적으로 만들 것을 요구하기 때문이다.

미성숙한 하드웨어를 이용해 저예산으로 만들어지며 성인용이기 때문에 문학성이나 예술성을 고려할 필요가 없는 노벨 게임은 이러한 이유에서 오타쿠들의 모에 요소에 대한 정열을 가장 효과적으로 반영한 독특한 장르로 성장해왔다. 따라서 최근 몇 년간의 오타쿠계 문화에서 노벨 게임이 수행해온 역할은 매우 크다. 예를 들면 〈에반겔리온〉 이후 남성 오타쿠들 사이에서 가장 영향력이 컸던 캐릭터는 만화나 애니메이션의 등장인물이 아니라 아마 〈To Heart〉의 멀티 multi일 것이다.

노벨 게임으로 '울 수 있다'는 의미

노벨 게임은 이와 같이 총체적으로 데이터베이스 소비에 의해 지배되는 현재의 오타쿠계 문화 중에서도 특히 데이터베이스 소비의 특징이 강하게 나타난 장르라고 할 수 있다. 그리고 그 결과, 일부의 게임은 이제 미소녀 게임의 성격을 벗어나 포르노그래픽한 표현보다도 모에 요소의 조합에 중점을 둔 독자적인 세계를 만들기 시작하고 있다. 그 전형적인 예가 Key에서 제작한 1999년의 〈Kanon〉과 2000년의

Kanon
게임 제작 : Key

〈Air〉라는 두 작품이다.

　이 두 작품은 성인용 게임으로 판매되고 있기는 하지만 포르노그래픽한 일러스트를 거의 포함하지 않는다. Key의 게임은 소비자에게 에로틱한 만족을 주기보다 오히려 오타쿠들에게 인기 있는 모에 요소를 철저하게 조합해 그들이 쉽게 울고 열광하기 위한 일종의 모범답안을 제공하기 위해 만들어진다. 예를 들어 〈Air〉에서는 미소녀 게임의 목적이 에로틱한 만족에 있다는 전제를 거부하기라도 하듯이 모든 포르노그래픽한 일러스트가 모두 전반부에 들어가 있다. 열 시간이 넘는 플레이 시간의 후반은 실질적인 선택지도 없이 여주인공의 멜로드라마가 전개되는 것을 담담하게 읽을 뿐이다. 그리고 그 멜로드라마도 '불치의 병' '전생의 숙명' '친구가 없는 외로운 여자아이'라는 모에 요소를 조합해 만든 매우 유형적이고 추상적인 이야기이다. 이야기의 무대가 어디인지, 여주인공의 병이 어떤 병인지, 전생은 어떤 시대인지와 같은 중요한 부분이 모두 애매한 채 〈Air〉의 이야기는 단지 설정만을 조합한 골격으로 전개된다.

　그러나 이런 종류의 게임이 높은 단가에도 불구하고 10만 개 이상이 팔려 상업적으로 커다란 성공을 거두고 있는 것은 〈디지캐럿〉의 성공과 마찬가지로 이야기의 유형에서 디자인의 세부에 이르기까지 모에의 기본을 튼튼하게 갖추고

AIR
게임 제작:Key

있기 때문이다. 앞에서도 세이료인 류스이의 소설에 대해 논한 것처럼, 90년대에 나타난 새로운 소비자에게는 현실세계의 모방보다도 서브컬처의 데이터베이스에서 추출된 모에 요소가 훨씬 리얼하게 느껴진다.

따라서 그들이 '깊은'이라거나 '울 수 있는'이라는 말을 할 때도 대개의 경우 그것은 그들 모에 요소의 조합의 묘미가 판단되고 있는 것에 지나지 않는다. 90년대에 드라마에 대한 관심이 높아진 것은 이런 점에서 고양이귀나 메이드 복장에 대한 관심과 본질적으로 다르지 않다. 거기에서 추구되고 있는 것은 종래의 이야기적인 박력이 아니라 세계관도 메시지도 없는, 단지 쉽게 감정이 움직여지기 위한 방정식이다.

보다 철저한 시뮬라크르의 제작

그러나 노벨 게임의 소비에는 다른 측면이 또하나 있다. 소설이나 만화와는 달리, 컴퓨터 게임의 본체는 플레이어가 화면상으로 보는 드라마(작은 이야기)가 아니라 그 드라마를 생성하는 시스템 쪽에서 구해진다. 액션 게임이든 롤플레잉 게임이든 화면상에 표시되는 화면이나 이야기 전개는 플레이어의 조작에 따라 생성되는 하나의 버전에 지나지 않는다. 플레이어의 조작이 변하면 같은 게임이라도 다른 화면이나 이야기 전개를 나타낸다. 그리고 당연하지만 게임의 소비자는 하나의 이야기만을 수용하는 것이 아니라 다른 버전의 있을 수 있는 이야기의 총체까지 수용하는 것이다. 따라서 게임 분석에서는 이 소비의 2층구조에 주의하지 않으면 문학비평이나 영화비평의 틀을 그대로 도입해 실패하게 된다.

이와 같은 게임의 구조는 분명 지금까지 검토해온 것과 같은 포스트모던의 세계상(데이터베이스 모델)을 반영하고 있다. 따라서 컴퓨터 게임의 발전과 포스트모던화의 진전 사이에는 깊은 관련이 있으며 실제로 그것은 양자가 시기적으로 부합하는 것으로 보아도 분명하지만, 그 점에 대해 논하는 것은 또다른 기회로 돌리기로 하자. 우선 여기에서 중요한 것은 노벨 게임도 또한 컴퓨터 게임인 이상 작품을 대하는 소비자의 의식이 이층화되어 있다는 것이다. 앞에서도 말한 바와 같이 노벨 게임의 표층적인 소비는 모에 요소의 조합에 의해 충족되며, 오타쿠들은 거기에서 눈물과 모에의 유희를 마음껏 누린다. 하지만 보다 자세히 관찰하면 또다른 종류의 욕망의 존재를 발견할 수 있다.

그것은 구체적으로는 노벨 게임의 시스템 자체에 침투해 플레이 화면에 구성되기 이전의 정보를 날것 그대로 추출하고 그것을 이용해 다른 작품을 재구성하려는 욕망이다. 노벨 게임의 화면 대부분은 실제로는 여러 데이터의 조합으로 만들어진다. 그림8의 오른쪽에 배열한 세 개의 그림은 〈키즈아토〉의 플레이 화면인데, 이들은 모두 각각 왼쪽에 나타낸 것과 같은 여러 가지 파일로 분해할 수 있다. 예를 들면 오른쪽 위의 화면은 일본식 방의 배경화면(시스템에서는 S10.LFG라는 파일명으로 지정되어 있다)에 캐릭터의 화상(마찬가지로 C31.LFG)을 겹치고 그 위에 시나리오의 텍스트(016.SCN으로 지정되어 있는 파일의 일부)를 겹쳐 만든 것이다. 그리고 그림에 나타낸 것처럼 같은 텍스트나 화상은 조합에 따라 이 밖에도 여러 가지 화면을 만들어낼 수 있다. 하나의 파일을 여러 번 사용하는 것은 창작과정에서의 수고를 더는 것일 뿐 아니라 90년대 중반의 하드웨어의 조건(기록매체의 한계)으로 인해 필연적으로 추구된 것이기도 했다.

이와 같이 화상을 여러 번 사용하는 방식은 만화나 애니메이션에서도 빈번히 나타나는 것으로, 결코 특이한 것은 아니다. 특히 애니메이션에서는 거의 모든 화면을 여러 장의 셀화를 겹쳐 만들고 있어 노벨 게임과 발상에 있어 그다지 차이가 없다고도 할 수 있다. 그러나 노벨 게임이 애니메이션과 결정적으로 다른 것은, 거기에서 화면의 단편이 제작자에 의해 이용될 뿐 아니라 소비자에 의해서도 손쉽게

그림 8
노벨 게임의 2층구조

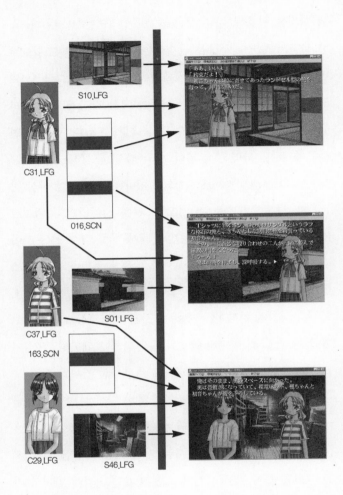

해석되어 데이터베이스화된다는 점이다. 그림으로 나타낸 것과 같은 텍스트나 화상 파일은 실은 게임을 구입한 상태에서는 압축되고 암호화되어 있어 읽을 수 없는 경우가 많다. 그런데 미소녀 게임의 소비자 중에는 기술적인 지식이 풍부하며 해커적인 기질을 가진 컴퓨터 이용자가 많다. 그 때문에 인터넷상에는 여기에서 예로 든 〈키즈아토〉를 비롯해 유력한 게임의 데이터를 해석하고 시나리오나 화상이나 음성을 '뽑아내는' 소프트웨어가 얼마든지 무료로 공개되어 있다. 그림을 만들기 위하여 필자가 사용한 것도 그와 같은 프리 소프트웨어 중 하나이다.[*]

그리고 이와 같은 환경은 노벨 게임의 2차창작을 종래의 2차창작에서 한 발 더 나아간 것으로 바꾸어내고 있다. 이미 설명한 것처럼 2차창작이란 원작의 설정을 데이터베이스로 환원해 거기에서 임의로 추출한 단편을 조합하여 만든 시뮬라크르로서 제시되는 작품이다. 그러나 종래의 2차창작에서는 거기에 이용되는 '데이터베이스'가 어디까지나 소비자가 자주적으로 재구성하는 추상적인 것에 지나지 않았고, 그 점에서 작자의 오리지널리티가 들어갈 여지가 있었다. 가령 〈에반겔리온〉의 동인작가가 아무리 원작을 단편화해 조합한

---

[*] 참고로 밝혀두면, 여기에서 이용한 것은 Susie32 ver 0.45a에 Leaf PAK AX ver 0.27과 Leaf CG to DIB ver 0.27의 플러그인을 넣은 것이다.

다고 해도 출판되는 동인지의 페이지 자체는 자기 손으로 그려야 했으며, 거기에서 아무래도 작가성이 깃들지 않을 수 없었던 것이다. TV 시리즈를 샘플링해 2차창작을 하는 식의 시도('매드 비디오^{mad video} 31)라고 불렸다)도 없는 것은 아니었지만, 당시의 기술적인 한계도 있어 그다지 커다란 움직임이 되지는 못했다고 할 수 있다.

그러나 90년대 후반의 노벨 게임의 융성과 이상과 같은 해석의 일반화, 그리고 나아가 데이터를 재구성하기 위한 멀티미디어 환경의 발전은 이제 그와 같은 2차창작과는 질적으로 다른, 보다 철저한 시뮬라크르의 제작을 가능하게 하고 있다. 그 한 예로 '매드 무비' 라 불리는 영상작품을 들 수 있다. 그것은 애니메이션이나 게임의 화면을 적당한 음악에 맞추어 가공하고 편집해 만든 짧은 비디오 클립으로, 주로 인터넷으로 유통되고 있다. 80년대의 '매드 비디오' 와 다른 점은 편집작업이 거의 완전히 디지털화되어 결과적으로 제작자의 지향이나 동기가 크게 변했다는 점이다. 그리고 노벨 게임의 2차창작으로 만들어진 작품은 그중에서도 특이한 발달을 보이고 있다.

예를 들어 〈Air〉의 매드 무비 중에는 〈Air〉에서 뽑아낸 화상을 거의 그대로, 역시 〈Air〉에서 뽑아낸 음악에 맞추어 편집한 작품을 볼 수 있다. 즉 여기에는 종래의 동인지적 2차

142

창작과는 달리 완전히 원작과 같은 데이터를 써서 단지 그 배열과 표현방법만을 바꾼 새로운 종류의 2차창작이 나타나고 있는 것이다. 그 외에도 최근에는 캐릭터의 화상이나 음성만을 사용해 전혀 다른 종류의 게임을 만들려는 시도나 Windows용으로 만들어진 노벨 게임을 다른 플랫폼에 자주적으로 이식하려는 시도 등 흥미 있는 예가 여럿 보인다.

이와 같은 새로운 종류의 2차창작은 원작의 데이터를 그대로 쓰고 있다는 점에서 동인지 같은 종래의 2차창작보다 훨씬 저작권 문제를 일으키기 쉽다. 실제로 제작자도 그 점을 자각하고 있는 듯, 이상과 같은 시도 중에는 익명으로 기간을 정해 인터넷상에서만 교환되는 작품도 많다. 필자는 그러한 현상에 대해 의견을 말할 입장은 아니지만, 다만 한 가지, 그와 같은 욕망이 결코 개인의 일탈이 아니라 노벨 게임의 본질이(나아가서는 포스트모던의 본질이) 필연적으로 낳은 욕망이라는 점에는 주의를 촉구해두고 싶다.

반복해서 말하지만 노벨 게임의 한 장면은 오리지널에서도 원래 복수의 데이터를 조합함으로써 만들어진다. 표층에서 하나로 보이는 화면이나 이야기 전개도 심층에서는 무의미한 단편의 모음에 지나지 않는다. 거기에서는 플레이어의 조작에 따라 같은 텍스트나 화상에도 얼마든지 다른 역할이 주어진다. 그렇다면 역으로 그 단편들을 다른 방법으로 조합함으로써 원작과 같은 가치를 갖는 다른 버전의 노벨 게임을 만들 수 있을지도 모른다고 생각하는 것은 아주 자연스러운 귀결일 것이다. 매드 무비의 제작자들은 원작을 접했을 때와 마찬가지의 감동을 다른 조합으로 다시 실현하기 위해 열심히 시스템을 해석하고 데이터를 재구성하고 있다. 그것은 적어도 그들의 의식상으로는 도작이나 패러디나 샘플링과는 본질적으로 다른 의식에 의한 활동인 것이다.

작은 이야기와 커다란 비이야기의 공존

노벨 게임의 소비자는 이와 같이 작품의 표층(드라마)과 심층(시스템)에 대해 전혀 다른 두 종류의 지향을 가진 것으로 특징지을 수 있다. 전자에서 그들은 모에 요소의 조합에 의해 실현되는 손쉬운 감정적 만족을 바란다. 그에 반해 후자에서는 그와 같은 만족을 주는 작품의 단위 자체를 해체하고 데이터베이스로 환원한 뒤, 다시 새로운 시뮬라크르를 만들어내기를 바라고 있다. 바꾸어 말하면 그들에게는 작은 이야기에 대한 욕구와 데이터베이스에 대한 욕망이 서로 분리되어 공존하고 있는 것이다.

필자의 생각으로 여기에는 스노비즘과 허구의 시대가 끝나고 데이터베이스 모델이 우세해진 시대의 주체형성 양식이 문화소비의 구조를 통해 매우 알기 쉽게 나타나 있다. 근대의 인간들은 작은 이야기에서 큰 이야기로 거슬러올라갔다. 근대에서 포스트모던으로 이행하는 시기의 사람들은 이 양자를 연결하기 위해 스노비즘을 필요로 했다. 그러나 포스트모던의 인간들은 작은 이야기와 커다란 비이야기라는 두 수준을 연결하지 않고 따로따로 공존시켜간다. 알기 쉽게 말하면, 어떤 작품(작은 이야기)에 깊이 감동을 받았다고 하더라도 그것을 세계관(커다란 이야기)과 연결짓지는 않고 살아가는, 그런 기술을 배우는 것이다. 필자는 앞으로 이와 같은 절단의 형태를 정신의학의 용어를 빌어 '해리적'이라고 부르고 싶다.

그리고 대다수의 노벨 게임은 흥미롭게도 내용적으로도 그와 같은 해리의 감각을 강화하도록 만들어져 있다. 앞에서도 말한 바와 같이 노벨 게임은 멀티 스토리와 멀티 엔딩을 전제로 하고 있다. 따라서 플레이어는 한 여성과의 연애만을 쫓아갈 수는 없다. 노벨 게임의 구조는 본질적으로 플레이어가 연애의 상대를 몇 번이나 바꿀 것을 요구한다. 그럼에도 불구하고 노벨 게임의 시나리오에서 주인공(플레이어의 동일시 대상이 되는 등장인물)의 성격이 여러 여성을 갈아치우는 엽색형으로 설정되는 일은 드물다. 오히려 거기에서는 여주인공과의 '운명'이나 '순애'가 강조되는 일이 아주 많다. 따라서 그와 같은 게임에서 주인공은 각각의 분기 分岐마다 순애를 경험하고 각각의 여주인공과 운명적인 만남을 갖는 인물로 그려지면서도, 실제로는 플레이어가 다른 분기를 선택할 때마다 다른 연애가 운명이 되는 명확한 모순을 안게 된다. 즉 시스템의 특성이 요청하는 드라마와 시나리오로 준비되어 있는 드라마 사이에 커다란 불일치가 보이는 것이다.

그러나 데이터베이스 소비라는 국면에서는 이러한 모순이 모순으로 느껴지지 않는다. 작품의 심층, 즉 시스템의 수준에서는 주인공의 운명(분기)이 여럿 마련되어 있으며, 또 그러한 사실은 누구나 알고 있다. 그러나 작품의 표층, 즉 드라마의 수준에서는 주인공의 운명은 언제나 단 한 가지이며 플레이어 또한 거기에 동일시해 감정을 이입하고 때로 마음이 움직여진다. 노벨 게임의 소비자는 그러한 모순을 모순이라고 느끼지 않는다. 그들은 작품 내의 운명이 여러 가지라는 것을 알면서도 동시에 지금 이 순간 우연히 선택된 눈앞의 분기가 단 하나의 운명이라고 느끼고 작품세계에 감정을 이입한다.

이와 같은 해리적인 마음의 움직임은 어쩌면 독자에 따라서는 이해하기 어려운 것일지도 모른다. 근대의 소설에서는 주인공의 작은 이야기는 반드시 그 배후의 커다란 이야기에 의해 의미가 부여되어 있었다. 따라서 소설은 하나의 결말밖에 갖지 못했고, 또 그 결말은 결코 바뀔 수 없는 것이었다.

이에 비해 포스트모던의 노벨 게임에서는 주인공의 작은 이야기에 의미가 부여되지 않는다. 각각의 이야기는 데이터베이스에서 추출된 유한한 요소가 우연의 선택에 의해 조합된 시뮬라크르에 지나지 않는다. 따라서 그것은 얼마든지 재현 가능하지만, 시각을 바꾸면 한번 던진 주사위의 결과는 우연인 동시에 필연이라는 의미에서 역시 필연이며 재현 불가능하다고 말할 수도 있다. 커다란 이야기에 의한 의미 부여를 운명으로 생각할 것인가, 유한한 가능성의 다발에서 선택된 조합의 희소성을 운명이라고 생각할 것인가. 여기에는 소설과 노벨 게임의 차이에 그치지 않는, 근대적인 삶의 기법과 포스트모던적인 삶의 기법의 차이가 상징적으로 나타나 있다. 이 책에서는 지면 관계상 오타쿠계 문화밖에 검토할 수 없지만, 보다 넓게는 시뮬라크르의 수준에서 생겨나는 작은 이야기에 대한 욕구와 데이터베이스의 수준에서 생겨나는 커다란 비이야기에 대한 욕망의 이 해리적인 공존이야말로 포스트모던을 사는 주체를 일반적으로 특징짓는 구조라고 필자는 생각하고 있다.

9. 동물의 시대

타자 없이 충족하는 사회

코제브에 따르면 커다란 이야기가 사라진 뒤 사람들에게
는 '동물'과 '스노비즘'의 두 가지 선택지밖에 남아 있지 않
았다. 그리고 이 책에서는 지금까지 그 스노비즘이 세계적
으로는 1989년, 일본에서는 1995년에 시대정신으로서의 역
할을 마치고 이제는 다른 종류의 시대정신=데이터베이스
소비로 대체되어가고 있다고 설명해왔다. 그렇다면 여기에
서 그 변화를 코제브의 표현을 따라 '동물화'라고 이름 붙여
도 좋을지도 모르겠다.

동물화란 무엇인가? 코제브의 『헤겔 독해 입문』은 인간과
동물의 차이를 독특한 방법으로 정의하고 있다. 그 열쇠가
되는 것은 욕망과 욕구의 차이이다. 코제브에 의하면 인간
은 욕망을 갖는다. 반면에 동물은 욕구밖에 갖지 않는다.*
'욕구'란 특정한 대상을 가지고 그것과의 관계에서 충족되

는 단순한 갈망을 의미한다. 예를 들면 배고픔을 느낀 동물은 음식을 먹음으로써 완전히 만족한다. 결핍-만족의 이 회로가 욕구의 특징이며, 인간의 생활도 대부분은 이 욕구에 의해 구동되고 있다.

그러나 인간은 또다른 종류의 갈망을 가지고 있다. 그것이 '욕망'이다. 욕망은 욕구와는 달리 바라는 대상이 주어져 결핍이 충족되어도 사라지지 않는다. 그런 종류의 갈망의 예로 코제브를 비롯해 그에게 영향을 받은 많은 프랑스의 사상가들이 즐겨 거론해온 것이 여성에 대한 남성의 성적인 욕망이다. 여성에 대한 남성의 욕망은 상대의 신체를 손에 넣어도 끝나지 않고 오히려 한층 더 부풀어간다(고 그는 쓰고 있다). 성적인 욕망은 생리적인 절정감으로 충족되는 단순한 것이 아니라 타자의 욕망을 욕망한다는 복잡한 구조를 내부에 품고 있기 때문이다. 쉽게 말하면 남성은 여성을 손에 넣은 후에도 그 사실이 타자에게 욕망되기를 바라며(질투받고 싶어하며), 또한 타자가 욕망하는 것을 손에 넣고 싶어하기(질투하기) 때문에 그 욕망은 그칠 줄 모르는 것이다.

＊ 코제브는 정확하게는 '인간적 욕망'과 '동물적 욕망'이라는 말을 쓰고 있다. 그러나 이 구별은 번잡하므로 본문에서는 일부러 다른 말로 바꾸었다. '욕망'과 '욕구'는 라캉 정신분석학의 용어인데, 라캉주의에서는 '욕망(désir)'이라는 말로는 인간의 욕망만을 의미하고 코제브가 '동물적 욕망'이라 부른 것에는 '욕구(besoin)'라는 다른 말을 할당하고 있다.

인간이 동물과 달리 자기의식을 가지고 사회관계를 만들 수 있는 것은 바로 이와 같은 간(間)주체적인 욕망이 있기 때문이다. 동물의 욕구는 타자 없이 충족되지만 인간의 욕망은 본질적으로 타자를 필요로 한다—여기에서 자세히 논하지는 않겠지만, 이 구별은 실은 헤겔에서 라캉까지 근대의 철학과 사상의 근간을 이루는 극히 커다란 전제이다. 코제브 또한 그것을 답습하고 있다.

따라서 여기에서 '동물이 된다'는 것은 이와 같은 간주체적인 구조가 사라지고 각자가 각자의 결핍-만족의 회로를 닫아버리는 상태의 도래를 의미한다. 코제브가 '동물적'이라고 지칭한 것은 전후의 미국형 소비사회였는데, 이와 같은 문맥에 따르면 그 말에도 또한 단순한 인상 이상의 날카로운 통찰이 담겨 있다는 것을 잘 알 수 있을 것이다.

미국형 소비사회의 논리는 50년대 이후에도 착실히 확대되어 지금은 전 세계를 완전히 뒤덮고 있다. 매뉴얼화하고 미디어화하여 유통관리가 잘 보급된 현재의 소비사회에서는 소비자의 요구^{needs}가 가능한 한 타자의 개입 없이 순식간에 기계적으로 충족되도록 날마다 개량이 거듭되고 있다. 지금까지는 사회적인 커뮤니케이션 없이는 얻을 수 없었던 대상, 가령 매일의 식사나 성적인 파트너도 지금은 패스트푸드나 성산업으로 극히 간편하게 일체의 성가신 커뮤니케이션 없이 손에 넣을 수 있다. 그리고 그러한 한 우리들의 사회는 최근 수십 년간 확실히 동물화의 길을 걸어왔다고 할 수 있다. 앞에서 인용한 것과 같이 코제브는 그와 같은 사회에 대해 '개구리나 매미처럼 콘서트를 열고 새끼 동물이 노는 것처럼 놀며 다 자란 짐승이 하는 것처럼 성욕을 발산하는' 세계가 된다고 예측했다. 만약 현재의 난숙爛熟하고 정보화된 소비사회를 보았다면 코제브는 이 예측이 거의 실현되었다고 썼을지도 모른다.

오타쿠들의 '동물적'인 소비행동

그리고 이와 같은 시점에서 보면 〈디지캐럿〉에 열광하고 『코즈믹』을 읽고 〈Air〉에 우는 오타쿠들의 소비행동도 또한 '동물적'이라는 형용에 그대로 부합하는 것으로 보인다. 몇 번이나 반복하듯이, 현재의 오타쿠들은 이미 스노비즘을 필요로 하지 않는다. 스노비즘을 낳은 커다란 이야기에 대한 욕망 자체가 지금은 약화되어 있다. 대신에 그들은 감정적인 만족을 더욱 손쉽게 달성해주는 모에 요소의 방정식을 찾아 계속해서 새로운 작품을 소비하며 도태하고 있다.

그렇기 때문에 뭔가 새로운 요소가 발견되면 캐릭터나 이야기의 대세는 금방 변해버리고 또 여러 요소를 순열조합함으로써 얼마든지 유사한 작품이 생산되어버린다. 이 집단적이며 익명적인 작품군 속에서는 종래와 같은 작가성은 극히 작은 역할밖에 하지 않는다. 작품의 강도는 작가가 거기에 불어넣은 이야기=메시지가 아니라 그 속에 배치된 모에 요소와 소비자의 기호의 궁합에 의해 판단되는 것이다.

그리고 그와 같은 오타쿠들의 행동원리는 굳이 연상하자면 냉정한 판단력에 입각한 지적인 감상자(의식적인 인간)와도 페티시에 탐닉하는 성적인 주체(무의식적인 인간)와도 다른, 보다 단순하고 즉물적인 약물의존자의 행동원리에 가까운 것으로 생각된다. 어떤 캐릭터 디자인이나 어떤 성우의 목소리를 접한 이래 뇌의 배선이 변해버리기라도 한 것처럼 같은 그림과 목소리가 머릿속에서 계속 맴돌아 마치 홀린 듯이 된다는 것은 적지 않은 오타쿠들이 실감을 담아 하는 이야기이다. 그것은 취미라기보다 약물의존에 가깝다.

오타쿠들의 보수적인 섹슈얼리티

그리고 실제로 그와 같은 체험담을 액면 그대로 받아들이는 편이 설명하기 쉬운 현실도 있다. 정신과 의사인 사이토 다마키 斎藤環[32)는 오타쿠계 문화의 도상이 여러 가지 성도착으로 채워져 있음에도 불구하고 왜 현실의 오타쿠에게는 도

152

착자가 적은가 하는 질문을 몇 번인가 하고 있다.* 남성 오타쿠들이 로리콘 물을 좋아하고 여성 오타쿠들이 남성 동성애자가 등장하는 '야오이'를 좋아한다는 사실은 80년대부터 유명하지만, 한편으로 현실의 소아성애자나 동성애자가 오타쿠들 사이에서는 결코 많지 않다는 사실도 또한 알려져 있다. 따라서 사이토의 문제제기는 흥미 깊다.

그런데 유감스럽게도 사이토의 대답은 너무나 복잡하다. 그의 설명에 의하면 커다란 이야기를 잃어버린(사이토의 말로는 '상징적 거세에 실패한') 오타쿠들은 그 상실을 메우기 위해 현실의 섹슈얼리티와 상상적인 섹슈얼리티를 분리해 후자로써 전자의 부재를 보충할 필요가 있으며, 그 결과로 그들의 창작물은 과도하게 성적인 이미지로 채워지게 되었다는 것이다. 이 설명도 분명 오타쿠들의 심리의 어떤 측면을 꿰뚫고 있기는 하지만 현상의 정리에 관한 한 불필요하게 멀리 돌아간 논리라는 인상을 지울 수 없다.

그러나 동물화의 흐름을 염두에 두면 같은 현실을 훨씬 간단하게 설명할 수 있을 것이다. 동물적인 욕구와 인간적인 욕망이 다르듯이 성기적인 욕구와 주체적인 '섹슈얼리티'는 다르다. 그리고 성인만화나 미소녀 게임을 소비하는

---

* 『전투 미소녀의 정신분석』, 53쪽 등.

현재의 오타쿠들의 대부분은 그 양자를 분리해 도착적인 이미지로 성기를 흥분시키는 것에 단순히 동물적으로 익숙해져버린 것이다. 그들은 십대 무렵부터 수많은 오타쿠계의 성적 표현에 노출되어왔기 때문에, 어느새 소녀의 일러스트를 보고 고양이귀를 보고 메이드 복장을 보면 성적으로 흥분하도록 훈련되어 있다. 그러나 그와 같은 흥분은 본질적으로는 신경의 문제이며 훈련을 쌓으면 누구에게나 가능한 것에 지나지 않는다. 그에 비해 소아성애나 동성애, 특정한 복장에 대한 페티시즘을 스스로의 섹슈얼리티로 받아들이는 결단에는 전혀 다른 계기가 필요하다. 오타쿠들의 성적 자각은 대부분의 경우 그와 같은 수준에는 도달해 있지 않다.* 그렇기 때문에 그들은 앞에서 말한 2차창작에 대한 태도와 마찬가지로 한편으로는 얼마든지 도착적인 이미지를 소비하면서 다른 한편으로는 현실의 도착에 대해 놀라우리

* 하지만 필자는 여기에서 야오이를 중심으로 소비하고 있는 여성 오타쿠들에 대해서는 논의를 유보해두고 싶다. 필자의 얕은 경험으로 말하면 완전히 동물화해버린 미소녀 게임의 소비자와 비교해 야오이를 사랑하는 여성 오타쿠들의 창작 동기나 소비행동은 훨씬 인간적이며 섹슈얼리티의 문제와 밀접하게 관계하는 것으로 보이는 일도 많기 때문이다. 24쪽의 주에서도 말한 것처럼 이 책의 중점은 남성 오타쿠들에게 있으므로 오타쿠계 문화의 이 커다란 측면은 굳이 다루지 않았다. 그러나 다른 한편으로 상업 베이스에서의 움직임을 보는 한 그 여성들조차 젊은 세대에서는 동물화하고 데이터베이스화해가고 있는 것으로 생각된다. 그 부분의 정확한 사정은 유감스럽게도 조사 부족으로 정확히 알 수 없다.

만치 보수적인 기묘한 이면성을 가지고 있는 것이다.

허구의 시대에서 동물의 시대로

커다란 이야기의 날조에서 단순한 폐기로, 〈건담〉에서 〈디지캐럿〉으로, 이야기 소비에서 데이터베이스 소비로, 즉 부분적인 포스트모던에서 전면적인 포스트모던으로의 커다란 흐름은 이와 같이 거기에 사는 사람들의 동물화를 의미한다. 따라서 필자는 여기에서 1945년부터 1970년까지를 이상의 시대, 1970년에서 1995년까지를 허구의 시대로 파악한 오사와 마사치의 논의를 계승해 1995년 이후의 시대를 '동물의 시대'라고 명명하고 싶다. 소비자의 동물화라는 이 변화는 몇 번이나 반복하고 있듯이 포스트모던화 전체 속에서 생겨난 것이며 결코 국내적인 현상은 아니다. 그렇지만 이상의 시대와 허구의 시대의 대립이 첨예했던 것과 마찬가지로 허구의 시대에서 동물의 시대로의 이행도 이 나라에서는 특히 급속하고 명확했던 것으로 생각된다.

거기에서 하나 참고가 되는 것이 오타쿠계 문화와는 다른 방향에서 90년대의 저널리즘을 뒤흔든 스트리트계의 소녀, 이른바 '고갸루ゴギャル'들의 행동양식이다. 필자는 이쪽에 대해서는 자세한 동향을 거의 모르므로 일반적인 보도에 의지

해 고찰할 수밖에 없다. 따라서 극히 대략적인 인상으로밖에 말할 수 없지만, 그런 한에서 그녀들의 행동양식은 표면적으로는 오타쿠들과 정반대의 부분이 많음에도 불구하고 역시 마찬가지로 '동물적'이라고 할 수 있으리라 생각한다. 그녀들은 스스로의 성적 신체를 주체적인 섹슈얼리티에서 분리해서 매매하는 데 거의 저항을 느끼지 않으며, 알고 지내는 사람은 많지만 본질적으로는 고독한 커뮤니케이션 속에서 욕구의 만족에 대해서는 극히 민감한 생활을 택하고 있다.

고갸루과 오타쿠의 유사성

또한 고갸루의 대두는 오타쿠계 문화의 변화와도 결코 무관하지 않다. 90년대 후반에 스트리트계 소녀문화의 소개자로 잘 알려졌던 것은 사회학자인 미야다이 신지^{宮台 真司33)}인데, 그의 문제의식은 실은 동세대인 오쓰카 에이지나 오사와 마사치와 매우 가까운 곳에서 움직이고 있다. 따라서 그의 글을 따라가면 오타쿠와 고갸루라는 두 서브컬처 집단이 본질적으로는 하나의 동일한 사회적 변화를 반영해 나타난 것이라는 사실을 잘 알 수 있다.

예를 들어 미야다이가 처음으로 고갸루(당시는 '블루세일

러 소녀'라고 불렸다)에 대해 주제적으로 논한 저작은 1994년
의 『제복소녀들의 선택』인데, 이 저작은 또한 후반에 뛰어난
오타쿠론을 싣고 있는 것으로도 주목된다. 미야다이에 의하
면 1973년 이후 일본 사회에서는 세대적인 공동성이 사라지
고 젊은이 집단은 '섬 우주화' 하고 있다. 80년대에 나타난
'신인류'와 '오타쿠'라 불리는 사람들은 그 변화에 대응한
최초의 집단이다. 그리고 그의 분석에 의하면 신인류와 오
타쿠의 행동원리는 모두 "상징의 교환을 중심으로 한, 깊이
를 결여한 커뮤니케이션과 한정된 정보공간 내부에서 겨우
유지되는 자기상像"으로 특징지어진다. 그들이 허구적인 상
징의 교환을 중시하는 것은 "전보다 희박해진 커뮤니케이션
전제를 이른바 인위적으로 메우려 하기 때문"이다.* 이것은
분명히 오쓰카에 의해 이야기 소비라 불리고 오사와에 의해
'제삼자 심급의 이차적인 투사'라고 불리는 것과 마찬가지
의 심리과정을 가리키는 분석이다. 커다란 이야기가 사라진
후 서브컬처에 의해 대체를 날조하려는 그 욕망을 미야다이
는 '(세계의) 유의미화 전략'이라 부르고 있다.
　　그러나 『제복소녀들의 선택』에서도 강조되고 있듯이 90년
대는 그 전략이 포화에 이르러 '한정된 정보공간'을 유지하

---

*『제복소녀들의 선택』, 248, 267쪽.

는 것조차 어려워진 시대이다. 이 책의 용어로 말하면 이야기 소비조차 어려워진 시대인 것이다. 그리고 1995년 이후 미야다이는 이와 같은 인식하에서 스트리트계 소녀들의 즉물적인 행동원리를 높이 평가하고 '유유자적 혁명^{まったり革命}'이나 '의미에서 강도로'라는 슬로건을 내걸고 저널리스틱한 활동을 시작하게 된다. 그 이후 미야다이는 정돈된 글을 쓰지 않고 있어 인용은 어렵지만, 그의 기본적인 자세는 이 슬로건들에서도 또 여러 가지 에세이에서도 분명하다. 그리고 거기에는 이 책에서 논해온 것과 같은 데이터베이스 소비의 문제와의 흥미로운 부합을 볼 수 있다.

예를 들면 미야다이는 옴 진리교 사건 직후에 출판된 에세이집 『끝없는 일상을 살아라』에서 '끝없는 일상에 적응할 수 없는 자'와 '적응할 수 있는 자'의 대립을 집요하게 문제 삼고 있다. 옴 진리교도는 전자의 대표이며 '블루세일러 소녀'는 후자의 대표이다. 이와 같은 대립 위에서 미야다이는 전자의 폐쇄성을 지적^{知的}으로 극복하는 것은 가능하지만 "그 간접성에는 정신이 아득해질 정도이며, 그 실효성에 대해서는 의심을 금할 수 없다"며, 이어 "그러나 나는 전혀 다른 길이 있을지도 모른다고 생각한다. 그것은 전면적 포괄 요구 자체를 포기한다는 결정적인, 그리고 이미 우리가 나아가고 있는 길이다"라고 하고 있다.* 기호화되고 익명화된 도시문화 속에서 "유미와 유카가 구별되지 않는" 채 느긋하게 살고 있는 90년대의 블루세일러 소녀들에게는 더이상 세계 전체를 바라보려는 의지(전면적 포괄요구)도 그 단념에서 오는 과도한 자의식도 존재하지 않는다. 그들은 유의미화 전략을 가지고 있지 않으며, 이야기 소비도 필요로 하지 않는다.

이것은 바로 필자가 지금까지 데이터베이스 소비를 통해 논해온 것과 같은 '길'이다. 80년대의 스놉한 오타쿠들이 신인류와 표리관계에 있었던 것처럼, 90년대의 동물화한 오타쿠들은 아마 이 소녀들과 표리관계에 있었던 것이다.

오타쿠들의 사교성

포스트모던의 시대에 사람들은 동물화한다. 그리고 실제로 최근 10년간 오타쿠들은 급속하게 동물화하고 있다. 그 근거로 그들의 문화소비가 커다란 이야기에 의한 의미 부여만이 아니라 데이터베이스에서 추출된 요소의 조합을 중심으로 움직이고 있는 것을 들 수 있다. 그들은 이미 타자의 욕망을 욕망한다는 성가신 인간관계에 고민하지 않고 단순

---

* 『끝없는 일상을 살아라』, 168쪽.

하게 자신이 좋아하는 모에 요소를 자신이 좋아하는 이야기로 연출해주는 작품을 찾고 있는 것이다.

하지만 이와 같은 주장에는 반론이 있을지도 모른다. 오타쿠들이 작품을 대하는 태도는 동물화하고 있을 것이다. 즉 결핍-만족이라는 단순한 논리로 움직이는 것이 되어 있을 것이다. 그러나 그들은 동시에 나름대로 사교적인 사람들로도 알려져 있지 않은가. 실제로 오타쿠들은 타자와의 접촉을 피하기는커녕 인터넷 채팅이나 게시판, 현실세계에서의 판매전이나 오프라인 모임 등을 통해 매우 다양한 커뮤니케이션을 전개하고 있는 것은 아닌가. 그리고 거기에서는 타자의 욕망을 욕망한다는 복잡한 관계도 제대로 가동되고 있는 것은 아닌가. 오타쿠들은 지금도 세대에 관계없이 친구와 컬렉션을 겨루고, 질투하고, 허세를 부리고, 때로는 당파를 만들어 서로 비방하고 중상한다. 이와 같은 행동은 아주 '인간적'이며, 최근 10년간 크게 변한 것도 아니고 앞으로도 변하지 않을 것이다. 그렇다면 오타쿠들이 동물화하고 그들 욕망의 수준이 떨어져가고 있다고 주장하는 것은 너무나 일면적인 것은 아닐까?

그러나 그렇지 않다. 물론 포스트모던의 오타쿠들도 분명 '인간'이며 욕망과 사교성을 갖추고 있다. 그러나 그 욕망과 사회성의 형태는 역시 이전의 근대적인 인간과는 상당히 떨어져 있다.

몇 번이나 반복하지만 오타쿠들은 현실보다도 허구에 강한 리얼리티를 느끼며 그 커뮤니케이션도 대부분 정보교환에 치중해 있다. 바꾸어 말하면 그들의 사교성은 친족이나 지역공동체 같은 현실적인 필연이 아니라 특정한 정보에 대한 관심만으로 지탱되고 있다. 따라서 그들은 자신에게 유익한 정보가 입수되는 한에서는 충분히 사교성을 발휘하지만, 동시에 그 커뮤니케이션에서 거리를 둘 자유 또한 항상 유보하고 있다. 휴대전화를 통한 대화든 인터넷 채팅이든, 등교거부든 히키코모리든 그와 같이 '물러날' 자유는 오타쿠계 문화뿐 아니라 90년대의 사회를 일반적으로 특징지어 온 것이다.

우리가 살고 있는 시대는 대개의 생리적인 욕구를 동물적으로 신속하게 충족시킬 수 있는 시대이다. 그것이 개개인이 풍요로움을 실감하는 것으로 이어지고 있는지 어떤지는 제쳐두고, 이 점에서 현대 일본이 이전 시대와 비교해 압도적으로 편리하다는 것은 의심의 여지가 없다. 그리고 오타쿠들의 사교성은 미야다이도 지적한 바와 마찬가지로 그와 같은 사회에 적응해 생겨난 것이다. 현실의 필연성은 이미 타자와의 사교성을 요구하지 않으므로 이 새로운 사교성은 현실이 아니라 단지 개인의 자발성에만 기반을 두고 있다.

따라서 거기에서 아무리 경쟁이나 질투나 비방이나 중상 같은 인간적인 커뮤니케이션이 전개된다고 해도 그것들은 본질적으로는 흉내이며 언제든지 '물러나는' 것이 가능한 것일 뿐이다. 코제브라면 이 사태를 보고 오타쿠들은 사교성의 실질을 포기하고 그 형식만을 유지하고 있다고 할지도 모른다. 반복하지만 이와 같은 경향은 90년대에는 이미 오타쿠에 한정된 것이 아니었다.

커다란 공감이 존재하지 않는 사회

그리고 사교성의 이와 같은 형해화를 보충하기 위해 대두한 것이 바로 앞 절에서 검토한 작은 이야기에 대한 관심의 고조인 것이다. 포스트모던=동물의 시대에 세계는 작은 이야기와 커다란 비이야기, 시뮬라크르와 데이터베이스의 2층 구조로 파악할 수 있다. 그리고 거기에서는 심층에 커다란 이야기가 없는 이상, 삶의 '의미'를 부여해주는 것은 표층의 작은 이야기뿐이다. 데이터베이스는 의미를 부여해주지 않는다. 그렇기 때문에 90년대의 오타쿠들은 작품을 해체하고 분석하고 재구성하려는 욕망을 가지고 있으면서도, 아니 오히려 그 때문에 더욱 작품의 표층에 있는 드라마에 순수하게 감동하는 것이다.

노벨 게임의 소비는 이층화되어 있다. 데이터베이스의 수준에서 생기는 시스템에 대한 욕망과 시뮬라크르의 수준에서 생기는 드라마에 대한 욕구가 그것이다. 전자에서는 오타쿠들에게도 사교성이 요구된다. 그들은 활발하게 채팅을 하고 오프라인 모임을 열고 정보를 교환하고 2차창작을 매매하고 신작의 평가에 대해 의견을 나눈다. 그러나 대조적으로 후자에서는 사교성이 전혀 요구되지 않는다. 이야기에 대한 그들의 욕구는 극히 개인적인, 타자 없는 고독으로 채워져 있다. 노벨 게임은 결코 다수가 플레이하는 것이 아니다. 그리고 거기에서 90년대에 급속하게 높아진 '눈물'이나 '모에'에 대한 관심은 그들이 이미 데이터베이스를 매개로 하여 만들어진 의사적인 사교에 감동이나 감정이입을 기대하고 있지 않다는 것을 확실히 보여주고 있다. 이것은 일면만을 보면 현실에서 감동하지 못하므로 허구에서 감동을 추구한다는 식으로 자주 지적되고 있는 오타쿠들의 심리이다. 그러나 필자가 여기에서 일부러 '포스트모던'이나 '데이터베이스'라는 개념을 쓰면서 논해온 것은 그 변화가 단순히 감정의 장소가 변한 것만이 아니라 그 질의 변화도 수반하고 있기 때문이다.

루소를 거론할 것도 없이, 예전에는 공감의 힘이 사회를 만드는 기본적인 요소라고 생각되었다. 근대의 트리형 세계에서는 작은 이야기(작은 공감)에서 커다란 이야기(커다란 공감)로 거슬러올라가는 회로가 유지되고 있었기 때문이다. 그러나 지금은 감정적인 마음의 움직임은 오히려 비사회적으로, 고독하게 동물적으로 처리되는 것으로 크게 변하고 있다. 포스트모던의 데이터베이스형 세계에서는 더이상 커다란 공감 따위가 존재할 수 없기 때문이다. 그리고 현재의 오타쿠계 작품의 대부분은 분명히 그 동물적인 처리의 도구로서 소비되고 있다. 그러한 한 오타쿠계 문화에서 모에 요소의 작용은 실은 프로작이나 향정신성 의약품과 그다지 다르지 않다. 그리고 그것은 할리우드 영화나 테크노 뮤직 등 여러 가지 오락산업의 작용에 대해서도 마찬가지라고 말할 수 있지 않을까.

이제 슬슬 결론으로 들어가보기로 하자. 데이터베이스형 세계의 2층구조에 대응하여 포스트모던의 주체 또한 이층화되어 있다. 그것은 시뮬라크르의 수준에서의 '작은 이야기에 대한 욕구'와 데이터베이스의 수준에서의 '커다란 비이야기에 대한 욕망'에 의해 구동되며, 전자에서는 동물화하지만 후자에서는 의사적이며 형해화된 인간성을 유지하고 있다. 요약하자면 이와 같은 인간상이 지금까지의 관찰에서 부각된 것인데, 필자는 여기에서 마지막으로 이 새로운 인간을 '데이터베이스적 동물'이라고 부르고 싶다.

근대의 인간은 이야기적 동물이었다. 그들은 인간 고유의 '산다는 것의 의미'에 대한 갈망을 인간 고유의 사교성을 통해 충족할 수 있었다. 바꾸어 말하면 작은 이야기와 커다란 이야기를 서로 비슷하게 묶어낼 수 있었다.

그러나 포스트모던의 인간은 '의미'에 대한 갈망을 사교성을 통해 충족할 수 없으며 오히려 그것을 동물적인 욕구로 환원함으로써 고독하게 채우고 있다. 거기에서는 작은 이야기와 커다란 비이야기 사이에 어떠한 연계도 없고, 세계 전체는 단지 즉물적으로 누구의 삶에도 의미를 주지 않는 채 표류하고 있다. 의미의 동물성으로의 환원, 인간성의 무의미화, 그리고 시뮬라크르 수준에서의 동물성과 데이터베이스 수준에서의 인간성의 해리적인 공존. 현대사상풍의 용어를 써서 표현하면 이것이 이 장의 둘째 질문, '포스트모던에서 초월성의 관념이 조락한다면, 인간성은 어떻게 되는 것일까?'라는 의문에 대한 현시점에서의 필자의 대답이다.

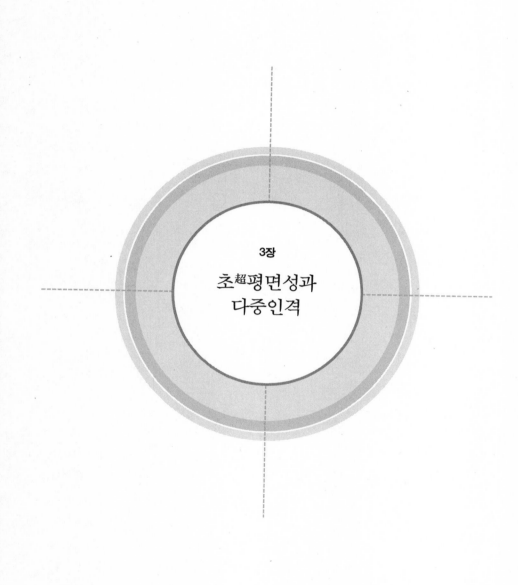

3장

초超평면성과
다중인격

1. 초평면성과 과시성過視性

포스트모던의 미학

앞 장까지의 논의에서 포스트모던이라는 시점으로 오타쿠계 문화의 현상을 분석하려는, 혹은 그 반대로 오타쿠계 문화의 분석을 통해 포스트모던의 본질을 탐색하려는 이 책의 목적은 어느 정도 달성된 것으로 보인다. '데이터베이스' '시뮬라크르' '커다란 비이야기' '2층구조' '동물의 시대' '모에 요소' '해리' 등등 일반적이지 않은 말도 많이 써왔지만, 필자는 그 개념들이 오타쿠계뿐 아니라 현재의 문화 일반을 분석하는 데도 유익한 것이라고 믿고 있다. 어쨌든 그 개념들은 현대사상과 서브컬처를 왕복하면서 90년대의 일본을 지나온 필자에게는 단순한 개념 이상의 무게를 가진, 말하자면 '리얼'한 말이다. 이 책 서두에서도 썼듯이 그 개인적인 경험과 분석이 조금이라도 많은 독자들을 납득시켜 각자의 입장에서 세상을 이해하는 데 도움이 된다면 그보다 더한 기쁨은 없겠다.

그러므로 이 장에서는 원리적인 고찰은 이제 그만두고 포
스트모던은 표층적으로 어떠한 세계이며 거기에서 유통되
는 작품은 어떠한 미학으로 만들어지는 것인가에 대해, 그
힌트가 될 만한 생각을 두 가지 정도 설명하고자 한다. 앞
장이 포스트모던 분석의 이론편이었다면 이 장은 그 응용편
의 예고 같은 것이다.

HTML의 성질

하나는 웹이라는 기호적인 세계에 대해서이다. 인터넷의
기원은 60년대까지 거슬러올라가는데, 우리가 지금 보통
'인터넷'이라고 부르는 웹페이지(홈페이지)의 집합체는 90
년대에 들어 탄생한 것이다. 그 시스템은 엄밀하게는 네트
워크 자체를 의미하는 '인터넷'과 구별하여 '월드와이드웹
(www)', 줄여서 '웹'이라고 부른다. 『닛케이 日經 BP 디지
털 대사전』의 설명을 빌리면 웹이란 "하이퍼텍스트 형식의
분산 정보 시스템"이며 "하이퍼텍스트는 문서 속에 포인터
를 만들어 그 포인터에서 다른 문서나 그림으로 점프하는
링크를 가진 구조로 되어 있다. 이와 같은 방식으로 전 세계
에 분산되어 있는 정보를 상호 링크한다는 것에서 월드와이

드웹(세계적인 거미줄)이라는 이름이 생겨났다"는 것이다.[*]

　이야기를 간단히 하기 위해 앞으로 별다른 말 없이 '인터넷'이라고 하면 이 웹의 세계를 가리키는 것으로 하자. 웹을 포함해 인터넷의 구조가 포스트모던의 2층구조를 반영하고 있다는 것은 앞 장에서 말했다. 그러나 여기에서는 그와 같은 전체적인 구조가 아니라 표층에만 주목하고자 한다. 인터넷의 표층, 즉 스크린에 표시되는 웹페이지에 대해 생각할 때 우선 고려해야 되는 것은 HTML의 성질이다. 웹에서는 정의상 모든 페이지는 반드시 이 언어로 씌어지게 되어 있기 때문이다. 어떠한 문장이나 어떠한 화상이 채워져 있다고 해도 웹페이지는 반드시 HTML로 씌어 있다.

　HTML이란 간단한 프로그램 언어이다. 그것은 원래는 페이지 내의 각 요소의 관계(예를 들면 어떤 텍스트가 표제인지 본문인지, 어떤 단락이 인용인지 아닌지)를 지정하고 브라우저에 그 정보를 전하기 위하여 쓰이는 것이다. 예를 들면 HTML에는 〈h1〉이라는 태그가 정의되어 있는데, 이것은 그 태그에 끼인 문자열이 최상위의 표제어('표제어1')라는 것을 의미한다. 그러나 실제로 이와 같은 기능은 오히려 웹페이지를 디자인하기 위해 쓰이는 일이 많다. 〈h1〉의 경우는

---

[*] 『닛케이(日經) BP 디지털 대사전』, 430쪽.

단순히 문자 크기를 크게 하기 위해 본문 중에서 임의로 쓰이는 일도 종종 있다.

그러나 이러한 사용법은 결코 적절하지 않다. 왜냐하면 HTML의 표시는 실은 OS나 브라우저에 따라 크게 다르기 때문이다. HTML은 원칙적으로는 페이지 속에 포함된 각 요소의 논리적인 관계를 나타내는 것이며 그 시각적인 표현은 유저 환경에 맡겨져 있다.* 즉 〈h1〉 태그는 어떤 문자열이 '표제어1'로 읽혀야 한다는 것을 지정하는 데 지나지 않으며, 그 구체적인 표시 크기나 위치는 지정하지 않는 것이다. 따라서 완전히 같은 HTML로 씌어진 웹페이지도 Windows와 Mac, Internet Explore와 Netscape Navigator에서 세부적인 표시가 다른 경우가 종종 있다. 그 차이는 전문 디자이너든 아마추어든 다소라도 의식적으로 웹페이지를 디자인하려는 사람들에게는 항상 골칫거리가 되고 있다.

---

* 정확하게는 스타일 시트를 쓰거나 브라우저를 판별하는 JAVA Script를 쓰는 등 여러 가지 회피 방법이 있지만, 여기에서는 기본적인 특징에 대해 말하고 있다. 어쨌거나 내용의 논리적 관계의 지시와 시각적 표현의 지정을 분리하는 것은 월드와이드웹 컨소시엄의 권고에서도 강력하게 장려되고 있다. "Web Content Accessibility Guidelines 1.0"을 참조하기 바란다. http://www.w3.org/TR/WCAG/

'보이는 것' 이 여럿 있는 세계

그러나 이 한계는 HTML의 불완전함이라기보다 오히려 웹의 세계가 인쇄물의 세계와는 전혀 다른 논리로 움직인다는 것을 나타내는 것으로 보는 것이 옳다. 설명을 간단히 하기 위해 여기에서 '보이는 것' 과 '보이지 않는 것' 의 대립이라는 생각을 도입해보자.

인쇄된 페이지를 대했을 때 우리는 우선 인쇄된 텍스트를 보고 다음으로 그 의미로 거슬러올라간다. 이것은 즉 '보이는 것' 에서 '보이지 않는 것' 으로 거슬러올라가는 것이다. 반대로 자신이 문장을 쓸 때에도 의미를 구체적인 말들로 낮추는, 즉 '보이지 않는 것을 보이는 것으로 바꾼다' 는 발상이 지배적이다.

이 발상은 실은 단순한 인상론에 그치지 않고 19세기에서 20세기에 걸쳐 여러 학문을 규정해온 것으로 알려져 있다. 이것은 현대사상에서는 '음성중심주의' 라고 불리며 여러 가지 검토가 행해지고 있는데, 여기에서는 세부적으로 살펴보지는 않기로 하자. 어쨌거나 인쇄물의 표현의 세계는 '보이지 않는 것을 보이게 한다' 는 이론으로 움직여왔다는 것만 머릿속에 넣어두면 그것으로 충분하다.

그런데 웹의 세계는 그와 같이 만들어져 있지 않다. 거기에서는 우선 '보이는 것'의 상태가 확실하지 않다. 반복하지만 웹페이지의 본질은 HTML로 쓰어진 일군의 지시이며 유저에게 보이는 화면은 각각의 OS나 브라우저, 더 나아가서는 모니터나 비디오 칩까지 포함한 환경에 의한 '해석'에 지나지 않는다. 게다가 웹페이지는 브라우저를 통해서 보지 않아도 된다. 실제로 그 소스 코드(HTML)는 ⟨h1⟩ 등의 태그가 들어간 텍스트로서 에디터로 간단히 열 수 있다. 그리고 그것도 또한 텍스트로 표시되어 있는 한은 역시 '보이는 것'이다. 이런 의미에서 하나의 웹페이지에는 보이는 것이 항상 여럿 있다고 할 수 있다.

그러므로 웹페이지를 읽을 때에는 종래와 같이 '보이는 것에서 출발한다'는 단순한 전제를 취할 수 없다. 구체적으로 말하면 웹페이지의 질을 판단할 때에 하나의 OS, 하나의 브라우저, 하나의 머신으로 보았을 때의 인상을 기준으로 할 수는 없다는 것이다. 어떤 환경에서 극히 효율적이고 아름답게 만들어진 페이지가 다른 환경에서는 정상적으로 표시조차 되지 않는 것은 자주 있는 일이다. 따라서 이 세계에서 페이지의 '디자인'은 보이는 부분만이 아니라 오히려 될 수 있으면 많은 환경에서 문제없이 작동하며 될 수 있으면 동일한 외견을 유지할 수 있는 HTML로 쓰어 있는지 어떤지 하는 보이지 않는 부분도 포함해서 판단되는 것이다. 여기에는 가치관의 커다란 변화가 있다. 인쇄매체에서는 확고하게 보이는 것이 출발점이었지만 웹의 세계에서는 우선 복수의 보이는 것에 대한 비교검토부터 들어가지 않으면 안 되는 것이다.

'보이지 않는 것'의 불안정한 위치

그리고 웹의 세계에서는 '보이지 않는 것'의 위치도 안정되어 있지 않다. 왜냐하면 HTML이 텍스트로서도 열 수 있는 것에서 알 수 있듯이, 웹에서는 어떤 환경에서(브라우저에서) 보이지 않는 것이 환경을 바꾸면(에디터를 쓰면) 곧 보이는 것이 되어버리기 때문이다. 웹페이지를 브라우저로 보고 있을 때에는 그 외견을 규정하고 있는 구조적인 정보는 보이지 않는다. 그러나 그 정보도 HTML을 열면 태그나 스크립트로 분명하게 보이게 된다.

예를 들면 어떤 웹페이지의 레이아웃이 어떻게 만들어져 있는가를 알고 싶으면 HTML을 여는 것이 가장 빠르다. 거기에는 어디에 어느 정도 크기로 표나 이미지가 배치되고 문자색이나 배경색이 어떻게 설정되어 있는지와 같은 모든 지정이 구체적인 수치로 적혀 있기 때문이다. 그와 같은 수치는 인쇄된 페이지의 레이아웃에서는 직접 자를 써서 재지 않는 한 결코 알 수 없었다. 그리고 HTML에서 직접 다루지 않는 특수한 데이터(플러그인으로 재생되는 데이터)의 정보도 적절한 어플리케이션만 있으면 모두 해석할 수 있다.

더구나 HTML에는 그와 같은 시각적인 구조의 정보만이 아니라 의미적인 구조의 정보도 포함되어 있다. 예를 들면 아까도 언급한 〈h1〉을 비롯해 정의어를 나타내는 〈dfn〉이나 약어를 나타내는 〈abbr〉 등, HTML에는 문자열의 역할을 직접적으로 지정하는 태그가 여럿 정의되어 있다. 인쇄매체에서는 이와 같은 역할은 시각적인 디자인을 통하여 간접적으로 전할 수밖에 없었다. 예를 들면 〈h1〉의 기능은 문자열을 크게 인쇄함으로써, 〈dfn〉의 기능은 행을 바꾸거나 굵은 글씨로, 〈abbr〉의 기능은 바로 뒤에 괄호를 써서 원어를 명기함으로써 간접적으로 수행될 수밖에 없었다. 그러나 HTML은 그와 같은 역할조차 보이는 것으로 만들어버린다. 바꾸어 말하면 인쇄매체에서는 어디까지나 보이지 않는 것이었던 개개의 문자열의 역할이 웹에서는 HTML을 에디터로 열기만 하면 원리적으로는 보이는 것으로 바뀌어버리는 것이다.*

---

*물론 웹페이지의 의미나 내용이 그런 소수의 태그나 스크립트에 의해 모두 표현될 수는 없다. 그러나 HTML의 문법, 그보다는 그것을 낳은 컴퓨터 문화 자체가 예전에는 '보이지 않는 것'이었던 의미의 영역을 가능한 한 '보이는 것'으로 바꾸어 코드화하고 논리화하려는 정열을 원리적으로 품고 있다. 계산기과학이나 정보이론은 본래 모든 것이 보이는 것, 모든 것이 조작 가능

어떤 환경에서 보이지 않는 것이 다른 환경에서는 보이게 된다는 이 성질은 웹뿐 아니라 원래 컴퓨터의 세계에 공통된 것이다. 우리는 지금 그래피컬 유저 인터페이스(이른바 데스크톱 화면)를 써서 어플리케이션 소프트를 통해 컴퓨터를 조작하는 데 너무나도 익숙해져 있다. 그러나 계산기의 기본은 어디까지나 일련의 수나 문자로 씌어진 프로그램이며, 더 나아가서는 그 기초에 있는 이진수의 수열이다. 따라서 데스크톱을 '봄'으로써 컴퓨터를 조작하고 있을 때 그 배후에는 실은 프로그램이나 이진수가 보이지 않는 것으로 존재하는 것이다.

우리는 보통 그것을 그다지 의식하지 않는다. 그러나 컴퓨터는 본질적으로 그와 같은 보이지 않는 것도 환경만 갖춰지면 곧 보이는 것으로 만들어버리는 성질을 가지고 있다. 어플리케이션의 인터페이스·배후에 감춰진 프로그램도 적절한 소프트웨어를 써서 복호화(이를 '역 컴파일'이라고 하며, 실제로는 금지되어 있는 것도 많다)하면 간단히 눈으로 볼 수 있다. 보통 컴퓨터를 쓸 때는 이와 같은 것은 의식하

한 것을 이상으로 한 학문이다. 그것은 사상적으로는 20세기 전반의 논리실증주의에서 이어진 것이다. 인터넷이 대중화하고 컴퓨터가 멀티미디어화함에 따라 그와 같은 이지적인 경향은 일견 애매해진 것처럼 느껴지지만, 깊은 곳에서의 흐름은 변하지 않았다.

지 않아도 되지만, 만약 웹을 포함해 컴퓨터를 기초로 한 새로운 문화에 대해 생각하려 한다면 이와 같은 원리적인 특징을 무시할 수는 없다.

데이터베이스 소비는 웹의 논리와 닮았다

웹의 세계에서는 인쇄물의 세계와는 달리 '보이는 것'이 여럿 있고 '보이지 않는 것'의 위치도 안정되어 있지 않다. 따라서 거기에서는 표현자가 보이지 않는 것을 보이는 것으로 바꿈으로써 작품을 만들고 감상자가 역으로 보이는 것에서 보이지 않는 것으로 거슬러올라가는 종래의 논리는 통용되지 않는다. 왜냐하면 웹의 세계에서는 조금만 자각적인 감상자라면 단순히 보이는 것(화면)을 볼 뿐 아니라 소스 코드를 열어 보이지 않는 것을 보이도록 바꾸어버리기 때문이다.

이것은 앞 장의 예로 말하면 노벨 게임의 유저가 시스템을 해석해 화상이나 시나리오를 뽑아내는 것에 상당하는 행위이다. 유저의 이런 능동성이 있는 한 웹의 세계 혹은 보다 넓게 소프트웨어의 세계에서는 '작품'의 단위는 단순히 유저가 보는 것뿐 아니라 거기에서 보이지 않게 되어 있는 것까지 포함하여 정의되어야 한다. 구체적으로 말해 웹페이지는 표시화면만이 아니라 HTML까지 포함해서, 노벨 게임은 드라마뿐 아니라 시스템까지 포함해서, 어플리케이션은 인터페이스의 아름다움뿐 아니라 소스 코드의 효율성까지 포함해서 평가의 대상이 되어야 한다. 웹페이지의 문화는 '페이지'라는 비유 탓인지, 또는 지금까지도 일기나 게시판 등 문장 중심의 사이트가 많은 탓인지 인쇄문화의 연장으로 받아들여지는 경우가 적지 않다. 그러나 그것은 본질적으로는 게임이나 소프트웨어에 훨씬 가까운 논리로 뒷받침되는 문화이다.

인터넷의 구조는 포스트모던의 세계상을 반영하고 있다. 따라서 그 구조가 낳은 이와 같은 웹의 논리도 실제로는 인터넷이나 컴퓨터의 세계만으로 볼 수 있는 것은 아니다. 누구나 알고 있듯이 이 수년간 모든 장르의 표현은 보다 인터넷적으로 보이고 보다 컴퓨터적으로 보이는 외견을 추구하여 물밀듯이 변모를 이룩하고 있다. 그리고 그 결과 웹의 논리는 기술적으로는 그것과 무관계한 많은 장르에도 넓고 깊게 침투하고 있다.

예를 들면 책이나 잡지는 앞으로도 계속 출판되겠지만 그 구성이나 문체는 점차 웹페이지에 가까워질 것이며, 영화는 앞으로도 계속 상영되겠지만 그 연출이나 편집은 점점 게임이나 비디오 클립에 가까워질 것이다. 앞 장에서 검토한 오타쿠계 문화의 변화도 당연히 그 흐름 속에서 나타나고 있다. 애초에 작품의 본체를 데이터베이스(보이지 않는 것)로 파악하고 소비자의 기호에 따라 거기에서 시뮬라크르(보이는 것)를 읽어내는 데이터베이스 소비의 행동양식 자체가 이상과 같은 웹의 논리에 딱 맞는 것이다. 그렇기 때문에 웹에서의 커뮤니케이션이 중심이 된 노벨 게임의 소비에는 동물의 시대의 특징이 응축되어 있었던 것이다.

서로 다른 계층이 병렬되어버리는 세계

이상과 같은 웹과 게임과 소프트웨어의 세계, 나아가서는 우리가 사는 이 포스트모던 세계의 특징을 여기에서 '초평면적'이라는 말로 파악해보고 싶다.* 이 표현은 문자 그대로 철저하게 평면적이면서 동시에 평면을 초월해버린다는 특징을 의미한다. 컴퓨터 스크린으로 대표되는 초평면적인 세계는 평면이면서 동시에 그를 초월하는 것도 병렬로 나열해버린다.

---

* 이 말은 무라카미 다카시가 최근 수년간 자작을 중심으로 한 미술운동을 특징짓기 위해 쓰고 있는 '슈퍼 플랫'에서 영향을 받았다. 하지만 여기에서의 '초평면적'은 포스트모던의 기호적 세계의 특징만을 가리키는 개념이며, 무라카미의 개념과는 상당히 다르다. 무라카미의 '슈퍼 플랫'은 작품의 시각적인 특징만이 아니라 사회구조나 커뮤니케이션의 특징까지 포함하는 감각적인 말이다.

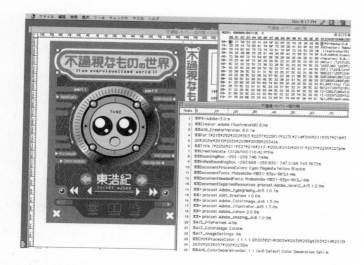

그림 9
데스크톱의 초평면적인 세계

구체적인 예로 생각해보자. 그림9는 필자가 쓰고 있는 컴퓨터의 데스크톱에서 가져온 스냅숏이다. 여기에는 하나의 데이터의 세 종류의 표현이 나열되어 있다. 우선 가장 왼쪽에 열려 있는 창은 필자가 최근 출판한 대담집의 표지 이미지를 표시하고 있다. 이 이미지는 Adobe Illustrator라는 어플리케이션으로 만들어졌으며 화상 내의 도형은 모두 좌표나 벡터 수치로 지정되어 있다. 따라서 이 파일은 이미지와 동시에 그러한 수많은 지시로 이루어진 텍스트로도 열 수 있다. 오른쪽 아래의 창에 그 텍스트가 표시되어 있다.

그러나 실제로는 이 텍스트도 파일의 본체는 아니다. 왜냐하면 컴퓨터가 처리하고 있는 것은 어디까지나 이진수의 수열이지 결코 영문자와 숫자가 아니기 때문이다. 따라서 같은 파일을 다른 방법으로 표시할 수도 있다. 오른쪽 위에 열린 작은 창은 '데이터포크 에디터' 라는 특수한 소프트웨어를 써서 같은 파일의 데이터 부분을 16진수로 표시한 것이다.

그러면 이 세 창의 관계는 어떤 것일까? 상식적으로 생각하면 오른쪽 위에 표시된 데이터가 가장 '본체'에 가깝고 그것이 에디터로 해석되어 텍스트가 되며, 나아가 그것이 Adobe Illustrator로 해석되어 이미지가 된다고 계층적으로 파악할 수 있을 것이다. 그러나 컴퓨터의 세계에서는 그와 같은 계층관계는 설명 원리로는 옳지만 물리적으로는 거의 근거가 없다. 만약 파일의 '본체' 같은 것이 있다면 그것은 하드웨어의 어딘가에 저장된 전자기적인 패턴에 지나지 않으며, 그 해석이라는 점에서는 16진수도 텍스트도 이미지도 다르지 않기 때문이다. 그렇기 때문에 그들은 세 가지 창으로 같은 스크린 상에 배열할 수 있고 또 그렇게 하지 않을 수 없는 것이다.

이 구조에는 포스트모던의 세계상이 아주 잘 반영되어 있다. 포스트모던에서 세계의 심층은 데이터베이스로 표상되고 표층에 위치하는 기호는 모두 그 해석(조합)으로 파악된다. 마찬가지로 이 예에서는 파일의 심층은 보이지 않는 정보로 표상되고 스크린 상에 표시된 세 종류의 표현은 모두 그 해석으로 파악된다. 따라서 그 시뮬라크르의 세계에서는 A가 B를, B가 C를, C가 D를 규정하는 트리형의 계층관계보다 A와 B와 C와 D가 모두 같은 정보에서 읽어낸 것으로 파악되는 병렬관계가 더 선호되는 것이다.

이와 같은 특징은 이제는 컴퓨터의 세계에 한정되지 않는다. 예를 들어 오타쿠계 문화로 말하면, 앞 장에서 자세히 검토한 바와 같이 애니메이션이나 소설이라는 작품의 단위와, 그 배경에 있는 설정이나 캐릭터, 나아가 그 배경에 있는 모에 요소라는 다른 계층의 정보가 창을 여는 것처럼 등가로 병행해서 소비되고 있는 현실이 있다. 현재의 그래피컬 유저 인터페이스는 그런 한에서 단순히 편리한 발명에 그치지 않고 우리 시대의 세계상을 응축한 훌륭한 장치라고 할 수 있을 것이다.

이야기가 옆으로 미끄러지는 구조

마지막으로 또하나 덧붙여두자. 이와 같은 초평면적인 세계는 또 보이지 않는 것이 계속해서 보이는 것으로 바뀌어 같은 평면 위에 나열되어버리기 때문에 오히려 보이지 않는 것에 대한 탐구가 그치지 않는다는 역설을 낳게 된다. 앞에서 든 예로 말하면, 어플리케이션 프로그램에서 에디터로, 그리고 데이터포크 에디터로 환경을 바꿈으로써 보이지 않는 것을 차례차례 보이는 것으로 만들어가는 행위는 논리적으로는 계층을 거슬러올라감에도 불구하고 그 세계(데스크톱 화면) 속에서는 같은 평면 위를 미끄러지는 데 지나지 않는 것으로 간주된다. 따라서 거기에서는 최종심급에 다다르는 일 없이 가능한 한 많은 보이지 않는 것을 보이는 것으로 바꾸어 가능한 한 많은 시뮬라크르를 데이터베이스에서 끌어내려는 다른 종류의 욕망이 대두하게 된다.

예를 들면 웹에서는 세계적으로 유명한 사이트든 단순한 개인 사이트든 모두 등가로 링크되기 때문에 거의 필연적으로 검색엔진에 의지하여 무수한 사이트를 전전할 것이 요구된다. 그리고 그 탐색은 어느 정도 깊이 인터넷의 세계에 접한 독자라면 알 수 있듯이 내재적으로는 끝날 계기가 없다. 같은 유형의 욕망은 오타쿠계 문화에서도 트레이딩 카드 소비자들의 컴플리트(모든 카드를 모으는 것)를 향한 정열이나 미소녀 게임 플레이어들의 전 분기 클리어를 향한 정열, 그리고 무엇보다도 동인지 판매전의 번성을 지탱하고 있는 2차창작의 컬렉션에 대한 정열로 확실히 나타나 있다. 앞 장에서도 언급한 것처럼 데이터베이스 소비 속에 있는 오타쿠들은 한번 어떤 작품에 사로잡히면 그 관련 상품과 2차창작을 무한히 소비한다. 그들이 직면하고 있는 데이터베이스형 세계에서는 그 정열을 진정시키기 위한 '커다란 이야기'가 존재하지 않기 때문이다.

초평면적인 시뮬라크르의 세계, 즉 포스트모던의 표층에 대해 작동하는 욕망의 이와 같은 특징을 이번에는 '과시적過視的'이라는 말로 파악해보자. 이것은 과도하게 가시적이라는 의미로 필자가 만든 조어로, 보이지 않는 것을 완전히 보이는 것으로 만들려는, 더구나 그 시도가 그치지 않는 수렁과 같은 상태를 가리킨다.* 앞 장에서 '작은 이야기에 대한 욕구'와 '커다란 비이야기에 대한 욕망'의 해리적인 공존에 대해 말했지만, 이와 같은 관점에서 보면 이 양자는 과시적인 관계로 연결되어 있다고 할 수 있을지도 모르겠다. 보이는 것(작은 이야기=시뮬라크르)에서 보이지 않는 것(커다란 비이야기=데이터베이스)으로 거슬러올라가려 하지만 달성하지 못한 채 작은 이야기의 수준을 옆으로 미끄러져가는, 그런 불발의 구조가 필자가 여기에서 '과시적'이라고 명명하고 싶은 것이기 때문이다.

근대의 트리형 세계에서 표층과 심층, 작은 이야기와 커다란 이야기 양자는 상사相似관계로 연결되어 있었다. 따라

---

* 필자는 일찍이 이런 상태를 '우편적 불안'이라고 표현했다. 『우편적 불안들』 참조.

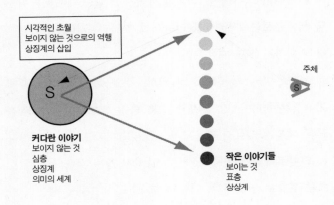

시각적인 초월
보이지 않는 것으로의 역행
상징계의 삽입

주체

커다란 이야기
보이지 않는 것
심층
상징계
의미의 세계

작은 이야기들
보이는 것
표층
상상계

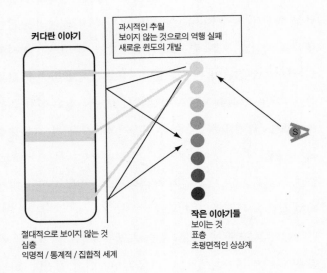

커다란 이야기

과시적인 추월
보이지 않는 것으로의 역행 실패
새로운 윈도의 개발

절대적으로 보이지 않는 것
심층
익명적 / 통계적 / 집합적 세계

작은 이야기들
보이는 것
표층
초평면적인 상상계

186

서 사람들은 전자에서 후자로 거슬러올라갈 수 있었다. 이것을 '보이는 것'과 '보이지 않는 것'의 비유로 이해하면, 근대에서는 우선 작은 보이는 것이 있고 그 배후에 커다란 보이지 않는 것이 있어 전자가 후자로 거슬러올라가 보이지 않는 것을 차례차례 보이는 것으로 바꿔가는 것이 세계 이해의 모델이었다고 할 수 있다(그림10a). 근대적인 초월성이란 무엇보다 우선 시각적인 운동이었던 것이다.

그러나 포스트모던의 데이터베이스형 세계에서는 양자가 직접적으로 연결되지 않는다. 작은 이야기는 커다란 비이야기를 부분적으로 읽어냄으로써 생겨나지만 같은 비이야기에서 또다른 작은 이야기가 무수히 생길 수 있으며 어느 쪽이 우위인지 결정하는 심급은 없다. 즉 작은 이야기에서 커다란 비이야기로 거슬러올라갈 수 없다. 따라서 여기에서는 우선 눈앞에 작은 보이는 것이 있으며, 거기에서 보이지 않는 것으로 거슬러올라가려고 해도 그것이 보인 순간 다시 작은 이야기로 변해버리기 때문에 그것에 실망해 다시 보이지 않는 것으로 향하는 끝없는 미끄러짐이 생겨난다(그림 10b).

이 과시적인 '포스트모던의 초월성'은 시각적인 근대의 초월성과 달리 차례차례 계층을 거슬러올라가기는 하지만 결코 안정된 최종심급에 다다를 수는 없다. 여기에서는 철학

적으로 흥미로운 문제가 여러 가지 나오겠지만, 그 전개는
다른 기회로 돌리기로 하자.

2. 다중인격

2층구조를 '보이는 것'으로 만든 작품

또하나는 게임에 대해서이다. 여기에서 마지막으로 들고
싶은 것은 1996년에 간노 히로유키菅野ひろゆき[1] (당시의 이름은
겐노 유키히로剣乃ゆきひろ)의 감수로 제작된 〈YU-NO〉라는 작
품이다. 간노의 작업은 주로 미소녀 게임으로 발표되고 있
으며 일반적인 인지도는 그다지 높지 않다. 그러나 드라마
와 시스템 쌍방에 걸친 그의 교묘한 게임 디자인은 일부에
서 극히 높은 평가를 얻고 있다.

DESIRE
게임 제작:시즈웨어

간노 작품의 중핵에 있는 것은 한마디로 말하면 이야기의
다층성에 대한 강조이다. 예를 들면 1994년의 〈DESIRE〉나
1995년의 〈EVE〉에서는 하나의 사건을 동시에 여러 등장인
물의 시점으로 보는 '멀티사이트 시스템'이 채택되어 있다.
또 2000년의 〈불확정세계의 탐정신사不確定世界の探偵紳士〉에서
는 한 사람의 탐정이 차례로 사건을 해결해가는 것이 아니

EVE
게임 제작:시즈웨어

라 복수의 사건이 동시에 진행되는 독특한 시스템이 시도되고 있다. 양자에 공통되는 것은 하나의 이야기가 복수로 분기되어가는 통상의 멀티엔딩이 아니라 하나밖에 없는 이야기를 동시에 복수의 시점에서 본다는 아이디어이다. 그리고 〈YU-NO〉는 간노의 그러한 시도 중에서도 특히 복잡하면서도 주도면밀하게 만들어진 작품이다.

〈YU-NO〉는 미소녀 게임이며 구조적으로는 시나리오 분기형 어드벤처 게임이다. 게임의 기본적인 목적은 캐릭터들의 공략에 있으며 다섯 명의 주요 캐릭터마다 시나리오가 나뉘고 각각 도중에 포르노그래픽한 일러스트를 감상할 수 있는 시스템이다. 이 구조는 많은 미소녀 게임과 공통되는데, 간노는 거기에 중요한 아이디어를 덧붙이고 있다. 이 작품에서 주인공의 목적은 단순히 각각의 여성을 공략하는 것만이 아니라 각 분기에 걸쳐 흩어져 있는 아이템을 모아 실종된 아버지를 찾는 것으로 되어 있다. 그 때문에 주인공은 게임의 서두에서 '병렬세계' 사이를 이동할 수 있는 '차원간 이동장치'를 건네받는다. 여기에서 '병렬세계'란 각기 다른 역사를 밟아가는 패러럴 월드parallel world, 즉 주인공이 각기 다른 여성 캐릭터와의 연애를 진행시키고 있는 분기를 말한다.

이 설정은 〈YU-NO〉의 주인공에게 메타 미소녀 게임적인

YU-NO
게임 제작:시즈웨어.

이중성을 부여하고 있다. 그는 하나의 분기 속을 살면서 동시에 그 분기의 맵 또한 볼 수 있기 때문이다. 앞 장에서 쓴 말로 하면, 이 작품에서 플레이어는 시뮬라크르의 수준에 있는 작은 이야기(드라마)와 데이터베이스의 수준에 있는 커다란 비이야기(시스템)를 동시에 조망하고 그 사이를 왕복하면서 게임을 진행할 것이 요청된다는 것이다. 다음 페이지 그림11의 두 화면은 각각 실제의 플레이 화면이다. 그림11a가 병렬세계 속의 화면이며 거기에서 오른쪽 아래 버튼 중 하나를 클릭하면 그림11b의 메타병렬세계적인 화면이 나온다. 분기 맵 속에는 마크가 표시되어 자기가 지금 어느 역사선 상에 있는지를 바로 확인할 수 있으며, 어느 정도 제한이 있지만 그 밖의 시간과 공간으로도 이동할 수 있다.

이와 같은 구조를 가진 작품의 존재는 이 책의 논의에 매우 중요하다. 반복해서 논하고 있듯이 이 '동물의 시대'에서는 시뮬라크르의 수준에서 생기는 작은 이야기에 대한 욕구와 데이터베이스의 수준에서 생기는 커다란 비이야기에 대한 욕망이 분리된 채 모순 없이 공존하고 있다. 그 결과 90년대의 오타쿠계 문화에서는 한편으로 손쉽게 감동할 수 있는 이야기와 손쉽게 감정이입할 수 있는 캐릭터가 아무런 망설임 없이 탐구되고, 다른 한편으로는 그 손쉬움을 뒷받침하는 모에 요소들이 착착 데이터베이스화되어왔다. 다만 이 후자

그림 11a   그림 11b
〈YU-NO〉병렬세계 화면   〈YU-NO〉메타병렬세계 화면

의 영역은 〈디지캐럿〉에서는 작품의 배후에 장르 혹은 오타
쿠계 문화 전체에 퍼져 발견되는 수밖에 없었다. 그에 비해
노벨 게임은 작품 자체 속에 시뮬라크르와 데이터베이스의
2층구조를 가지고 있으면서 소비자가 간단히 그것에 접근할
수 있는 흥미로운 특징을 갖추고 있다. 그래서 필자는 노벨
게임에 주목한 것이다.

　그러나 〈YU-NO〉는 그 2층구조조차 '보이는 것'으로 스
크린에 표시되어버린다는 점에서 한층 결정적인 한 걸음을
내딛고 있다. 〈키즈아토〉나 〈Air〉같은 노벨 게임의 플레이
어는 각각의 플레이 동안 시스템이 만들어낸 개개의 드라마
를 순순히 수용하기만 한다. 그 배후의 구조가 해석되고 시
나리오나 일러스트가 추출되고 나아가 그 주변에 정보교환
이나 2차창작의 커뮤니케이션이 둘러쳐지는 것은 어디까지
나 플레이 바깥에서의 일이다. 바꾸어 말하면 거기에서는

192

작은 이야기에 대한 욕구는 작품 내에서 고독하게 채워지고 커다란 비이야기에 대한 욕망은 작품 바깥에서 사교적으로 채워진다는 명확한 분할이 성립되어 있다.

그런데 〈YU-NO〉는 그 드라마 바깥에서 생겨야 할 컴플리트에 대한 욕망조차 드라마 안에 집어넣어 양쪽의 정열을 함께 작품 내에서 채울 것을 목표로 만들어져 있다. 노벨 게임에서는 드라마는 보이지만 그것을 산출하는 시스템은 보이지 않는다. 그러나 〈YU-NO〉에서는 그 양자가 함께 보이는 듯한 착각이 생기게 되어 있는 것이다.

말할 것도 없이 〈YU-NO〉에서도 시스템 전부가 보이는 것은 아니다. 표시되는 분기 맵은 어디까지나 진짜 시스템이 준비한 외견상의 시스템이며 중요한 정보는 감추어져 있다. 따라서 〈YU-NO〉의 데이터 팩도 또한 소비자에 의해 해석되고 있으며, 그 주변에서 오타쿠들의 커뮤니케이션도 이루어지고 있다. 즉 소비의 이층화는 이 작품에서도 마찬가지이며, 그 점에서 앞에서 말한 노벨 게임과 본질적인 차이는 없다고 할 수 있다. 드라마 소비와 시스템 소비의 이 이층화는 컴퓨터 게임의 전제가 되는 조건이며 이 작품도 결코 그것을 벗어나 있지는 않다. 그렇다고는 해도 〈YU-NO〉가 그와 같은 조건 속에 있으면서 동시에 그 조건의 자각을 목표로 한 애크러배틱한 시도이며 극히 중요한 작품이라는 것은 의심할 여지가 없다.

초평면적인 세계에서 사는 주인공

덧붙여 〈YU-NO〉는 이상과 같은 시스템만이 아니라 드라마적으로도 주목할 만한 특징을 갖추고 있다. 그 가운데에서도 필자가 주목하고 싶은 것은 병렬세계를 이동할 때마다 주인공의 기억이 부분적으로 사라진다는 기묘한 설정이다.

이 설정은 작품 속에서 필연성이 낮고 오히려 다른 설정과 불일치를 일으키고 있다. 예를 들면 아이템은 병행세계의 이동에 의해 사라지지 않으므로 기억만이 사라진다는 것은 어떻게 생각해도 이치에 맞지 않는다. 상식적으로 생각해 자신이 가지고 있는 아이템을 보면 기억을 회복할 수도 있는 것이다. 게다가 실제로 다른 병렬세계에서 입수한 아이템을 쓰지 않으면 진행할 수 없는 시나리오 전개도 있으므로 이 모순은 결정적이라고 할 수 있을 것이다. 제작과정에서 생각하면 이것은 분명 〈YU-NO〉가 미소녀 게임이면서 동시에 메타 미소녀 게임으로 만들어짐으로써 생긴 모순이다. 미소녀 게임인 이상 주인공은 분기 속의 세계를 유일한 운명으로 겪어나가야 하며, 메타 미소녀 게임인 이상 주인공은 그 세계가 수많은 분기의 하나라는 것을 자각하고 있어야 한다. 이와 같은 이중의 설정이 병렬세계 사이를 이동하는 주인공이 한편으로 기억을 잃어가면서도 다른 한편으로는 행동을 연속시킨다는 모순된 상태를 가져온 것이다.

그러나 여기에서 중요한 것은 그 상태가 단순한 제작상의 실패가 아니라 오히려 포스트모던의 특징을 너무나 잘 반영한 결과로 생겨난 것이라는 사실이다. 아까도 말했듯이 포스트모던에서는 논리적으로 서로 다른 계층을 등가로 놓고 공존시키는 '초평면적'인 감각이 우세해진다. 한 사람의 주인공이 분기 내부에 있으면서 동시에 분기 외부에도 있는 〈YU-NO〉의 세계는 바로 그 감각을 토대로 만들어져 있다. 따라서 그 초평면적인 세계 속에서 살아가는 주인공의 기억이 때때로 부분적으로 절단된다는 설정에도 역시 우리 시대의 일면이 반영되어 있는 것이다.

다중인격을 추구하는 문화

그 일면이란 '다중인격'의 유행이다. 하나의 인간 속에 복수의 인격이 깃들어 때때로 교대하는 이 정신질환은 최근 10년 사이에 상당히 유명해졌으므로 모르는 독자는 없을 것이다. 그것은 임상적으로는 '해리성동일성장애'라 불리며 정신의학계도 공식적으로 인지하고 있다. 그러나 이 질환은 실은 50년대 이전에는 거의 보고되지 않았고 또 현재도 북미 이외에서는 극히 소수밖에 알려져 있지 않다. 다중인격 환자는 70년대 미국에서 급증하고 80년대에 공식적으로 인지되어 90년대에는 일본에서도 소설이나 영화를 무대로 일종의 유행이 되기까지 했지만, 그 역사는 극히 짧고 미미하다. 따라서 현실적으로 환자가 있어 치료를 필요로 하는 이상 그 실재는 의심할 여지가 없다 하더라도 그것을 낳은 요인이 무엇인가 하는 점에 대해서는 사회학적인 설명을 부정하기 어려운 것이다. 이 점에서 다중인격은 단순한 의학현상이라기보다 미국의 어느 과학철학자가 지적하는 것처럼* 20세기 후반의 문화적인 '운동'의 하나라고 이해하는 편이 알기 쉬울 것이다. 최근 30년간 다중인격의 보고수가 급증하고 또 다중인격을 주제로 한 작품이 연이어 나타난 것은 정신의학이 갑자기 진보했기 때문이 아니라 오히려 우리 사회 자체가 다중인격적인 모델을 강하게 요구해왔기 때문이다.

그리고 그 다중인격적인 모델은 바로 기억의 부분적인 단절에 의해 특징지어지는 것이다. 하나의 인간 속에 복수의 교대 인격이 구별되는 최대의 근거는 그들 사이에 기억이 단절되어 있다는 것이다. 대니얼 키스의 소개로 유명해진

*이언 해킹, 『기억을 다시 쓴다』, 3장 참조.

빌리 밀리건의 말을 빌리면, 인격교대란 "어디에서 뭔가 하고 있다고 칩시다. 그런데 정신이 들면 다른 장소에 있는 거예요. 시간이 지났다는 건 알겠는데 무슨 일이 일어났는지는 모르는 거지요" 식의 체험이다.*

그러나 그 단절은 결코 완전한 것은 아니다. 예를 들면 교대인격이 많이 존재할 때는 그 사이에 종종 계층관계가 생기는 것으로 알려져 있다. 키스는 밀리건의 사례를 보고하는 가운데 '아서'와 '레이건'이라 불리는 두 인격이 "우리 둘 중 누가 의식을 가져야 하는지 갖지 않아야 하는지를 정하자"고 이야기를 나누는 장면을 그리고 있다.** 이 묘사 자체는 너무나 소설적이어서 신빙성이 낮지만, 유사한 현상은 의학 논문에도 보고되고 있다. 예를 들면 70년대의 어떤 사례에서는 교대인격이 넷 있고 그중 A와 B와 C는 모두 D의 행동이나 심리를 완전히 기억하지만 D는 그 어느 것도 전혀 알아차리지 못했다고 한다.***

즉 다중인격 환자 안에 있는 복수의 교대인격은 결코 완전한 타자가 아니라 같은 기억이나 습관을 단편적으로 가지

---

* 『24인의 빌리 밀리건』 상권, 102~103쪽.

** 같은 책, 443쪽.

*** 『다중인격장애』에 수록된 아르놀트 M. 루트비히 등의 논문을 참조. 다중인격장애에서 기억의 문제에 대해 보다 자세한 것은 프랭크 W. 퍼트넘의 『해리』 제6장, 특히 155쪽 이하를 읽어보기 바란다.

고 있으며 때로는 다른 인격이 행한 행위의 뒤처리에 골머리를 앓기도 하는 부분적인 타자인 것이다. 그들은 신체를 다른 인격과 공유하고 때로 기억의 일부까지 공유하면서도 각자 다른 주체성을 갖고 다른 인생을 살고 있다고 강하게 주장하고 있다.

이와 같은 애매한 자기감각은 많은 독자들에게는 이해하기 어려울 것이다. 그러나 여기에서 앞 장에서 다룬 노벨 게임의 예를 떠올렸으면 한다. 반복하지만 노벨 게임의 소비는 2층으로 이루어져 있다. 한편으로 소비자는 분기마다 다른 운명을 살고 다른 인격(주인공의 다른 측면)에 동일시해 플레이를 즐긴다. 인격 A가 운명 A 속에서 여성 A와 사랑에 빠지고 인격 B는 운명 B에서 여성 B와, C는 C와, D는 D와, E는 E와 사랑에 빠진다. 다른 한편 소비자는 시스템을 해석하고 화면을 단편으로 분해함으로써 그와 같은 운명을 모두 상대화하는 시점도 가지고 있다.

필자는 앞 장에서 이 양자의 공존을 '해리적'이라고 불렀지만, 그것은 또한 다중인격의 심리적인 구조와도 닮은 것은 아닐까? 노벨 게임에서 각 분기의 주인공에 동일시하는 플레이어는 다른 분기를 플레이했을 때의 기억을 부분적으로 소생시키면서도 눈앞의 분기를 하나의 독립된 이야기로 읽어나간다. 마찬가지로 다중인격 환자 안에 있는 교대인격은 다른 교대인격이 산 기억을 부분적으로 소생시키면서도 눈앞의 자기감각을 기초로 하여 살아간다. 멀티스토리, 멀티엔딩이라는 게임의 대두가 다중인격의 유행을 떠올리게 한다는 인상론은 지금도 빈번히 언급되고 있는데, 확실히 양자에는 구조적인 유사성이 있다. 복수의 분지를 왕복하고 인생으로서는 연속되어 있음에도 불구하고 기억만이 끊어지기 쉬운 〈YU-NO〉의 주인공의 설정은 그와 같은 다중인격적인 삶의 양식이라는 특징이 잘 응축되어 있다.

포스트모던의 우화

이상의 사실을 염두에 두면 주인공의 설정만이 아니라 〈YU-NO〉의 드라마 전체가 포스트모던의 사회적인 구조를 주제로 한 이야기로 흥미롭게 읽힌다. 지나치게 깊이 읽는 것이 아니냐는 비판을 각오하고 마지막으로 몇 가지만 기술해보자. 예를 들면 이 작품에서 주인공의 목적은 앞에서 말한 바와 같이 사라진 아버지를 찾는 것으로 설정되어 있다. 바꾸어 말하면 주인공이 병렬세계 사이를 이동하며 인격의 분열에 노출되는 것은 아버지의 실종이 원인인 것이다. 이 설정은 흡사 커다란 이야기(아버지)가 실종되고 작은 이야기가 난립하는 포스트모던의 특징을 그대로 우화화하기라도 한 것 같다.

덧붙여 여기에서 중요한 것은 주인공이 이 작품에서 아버지와 만날 수 있는 것이 모든 분기를 클리어하고 모든 여성 캐릭터와의 성행위를 성취한 후의 일로 설정되어 있는 것이다. 이 설정은 다중인격의 예에서 생각하면 모든 교대인격이 의식화되고 통합되어 결과적으로 발병의 원인이 된 심적 외상을 떠올리는 표준적인 치료과정에 상당한다. 분기에서 분기로 이동하면서 각각의 세계에서 주인공의 욕망을 목적을 향해 이끌어줌으로써 〈YU-NO〉의 플레이어는 이른바 다중인격장애에 빠진 주인공의 마음을 재통합하고 있는 셈이다.

그리고 이와 같이 읽어나가면 더욱 흥미로운 구성이 분명해진다. 실은 〈YU-NO〉의 플레이는 '현세편'과 '이세계異世界 편'으로 불리는 두 부분으로 나뉘어 있다. 전자의 무대는 일상적인 생활공간이며 주인공은 고교생으로, 여성들은 동급생이나 교사나 계모로 설정되어 있다. 지금까지 주목해온 메타 미소녀 게임적인 시스템이 채택되어 있는 것은 이 부분이다. 대조적으로 후자의 무대는 전형적인 판타지의 세계이며 용이 날고 검과 마법이 활개를 치고 있다. 그리고 이쪽의 시스템은 실질적으로 분기가 거의 없는 오서독스한 어드벤처 게임의 것이다. 이 두 부분은 드라마적으로도 시스템적으로도 크게 다르며, 〈YU-NO〉는 두 가지 다른 게임의 집합체라고 할 수 있을 정도이다.

　그리고 여기에서 주목해야 하는 것은 그 두 부분이 주인공이 현세편에서 모든 여성을 공략하고 필요한 아이템을 갖춰 아버지와 재회할 준비가 다 된 시점에서 아무런 예고도 없이 이세계편으로 비약하는 식으로 이어진다는 점이다. 즉 이 〈YU-NO〉의 세계에서는 분열된 마음의 재통합이 성공했음에도 불구하고 아버지는 부활하지 않고 대신에 판타지가 나타나버리는 것이다.

　만약 현세편의 분열상태가 포스트모던의 우화였다면 이 갑작스런 교체의 의미 또한 확실하다. 1970년에서 1995년까지의 일본에서는 앞에서 말한 바와 같이 커다란 이야기의 상실을 메우기 위해 여러 가지 가짜가 고안되고 또 소비되어왔다. 〈YU-NO〉의 교체는 그와 같은 허구의 시대의 조건, 즉 사람들은 이미 커다란 이야기를 잃어버렸고 그것을 보충하려면 날조된 허구에 의지할 수밖에 없는 현실을 명확하게 반영하고 있다. 거기에서는 이미 현실적인 이야기는 '학교'나 '거리'라는 작은 폐쇄공간 안에서밖에 전개할 수 없다. 그리고 주인공이 거기에서 탈출해 그 작은 이야기의 배후에 있을 커다란 이야기를 알고자 한다 해도, 그것은 이제 검과 마법의 세계로밖에 상상할 수 없다. 이것은 바로 옴진리교를 지탱한 심리 그 자체이다.

이세계편에 던져진 주인공은 이미 아버지의 단서를 잃어버렸다. 그는 다시 아버지 찾기를 시작하고 롤플레잉 게임을 연상시키는 유형적인 모험을 재개하지만, 거기에 등장하는 것은 이전에 성행위를 나누었거나 지금부터 나누게 될 여성들뿐이다. 그리고 그 모험의 마지막에 보게 되는 것도 아버지가 있어야 할 '신제神帝'의 자리에 앉은 계모의 모습이며, 또 그 어머니를 구하기 위해 나타나는 계모의 딸이다. 커다란 이야기＝아버지와 만날 수 있을 터였던 장소는 지금은 근친의 여성들로 가득 차 있으며 플레이어는 결코 아버지와 만날 수 없다.

그렇다고 아버지가 죽은 것은 아니며, 아버지는 '사념체'로서 망령처럼 시공간의 틈을 방황하고 있는 것으로 되어 있다. 이야기의 마지막에는 오히려 망령이 결정권을 쥐고 있기도 하다. 주인공은 아버지가 사랑한 계모와 성행위를 하고 나아가서는 딸과 성행위를 하는데, 누구도 아무것도 구하지 못하고 단지 시공의 저편으로 날려져버릴 뿐이다. 그러한 과정을 거쳐 〈YU-NO〉 전체는 결국 당초의 목적에 도달하지 못하고 최초의 장면으로 돌아가 원환적으로 닫히게 된다. 이같은 드라마는 언뜻 단순한 공상으로 보이며, 확실히 그렇다. 그러나, 그럼에도 불구하고 필자에게는 그 공상이야말로 커다란 이야기가 조락한 후 세계의 의미를 재건

하려고 하지만 달성하지 못하고 결국은 단지 작은 감정이입을 거듭하는 것밖에 할 수 없는 우리 시대의 리얼리티를 독특한 수법으로 전하고 있는 것으로 생각된다.

어쨌든 필자는 이상과 같은 점에서 〈YU-NO〉는 현세편의 시스템에서는 데이터베이스 소비의 2층구조를, 현세편의 드라마에서는 다중인격적인 삶의 방식을, 그리고 이세계편의 드라마에서는 이야기 소비의 환상의 한계를 그린 매우 주도면밀한 작품이라고 생각한다. '포스트모던'이나 '오타쿠계 문화'라면 사회적인 현실에서 이탈해 허구 속에 스스로를 가둔 시뮬라크르의 유희를 상상하는 독자도 많을지 모르겠지만, 거기에도 역시 이와 같은 작품이 있는 것이다. 이와 같은 뛰어난 작품에 대해 하이컬처다 서브컬처다, 학문이다 오타쿠다, 성인용이다 어린이용이다, 예술이다 엔터테인먼트다 하는 구별 없이 자유롭게 분석하고 자유롭게 비평할 수 있는 시대를 만들기 위해 이 책은 씌어졌다. 이 이후의 전개는 독자 한 사람 한 사람의 손에 맡기고 싶다.

1장 오타쿠들의 의사(疑似) 일본

1) **특수촬영** 〈고질라〉〈울트라맨〉등 특수촬영기법으로 촬영된 거대
로봇, 거대괴수물 등의 영상물.

2) **피규어** 만화, 애니메이션, 게임 등의 캐릭터의 입체조형물.

3) **코스프레** 코스튬플레이(costume+play)의 약어. 만화나 게임 등
의 캐릭터를 모방하는 취미 문화.

4) **노벨 게임** 이 책 125쪽 이하 참조.

5) **여아 연속 유괴살인사건** 사진, 비디오, 자동차를 좋아하며 말이 없
고 온순하게 보였던 청년 미야자키 쓰토무(당시 26세)가 사이타마
(埼玉) 현 서부를 중심으로 1988년에서 1989년 사이 어린 여자아이
네 명을 연속적으로 살해한 사건. 그는 가족도 거의 출입하지 않는
자택과 가까운 별채에서 생활했는데, 그의 방에서 압수된 비디오테
이프는 약 6000여개였으며, 그 대부분은 애니메이션이나 공포영화
였고 그중에는 자신이 살해한 여자아이의 시체를 찍은 것도 있었다.
이 사건은 일본 사회에서 오타쿠의 존재가 부정적으로 부각되는 계
기가 되었다.

6) 〈**신세기 에반겔리온**〉 1995년부터 1996년까지 방영된 일본의 TV애
니메이션으로 1990년대 일본 애니메이션을 대표하는 작품 중 하나.
국내에서는 주로 〈신세기 에반겔리온〉이라는 번역 타이틀로 알려져
있으며 대원CI에서 대여용 비디오와 DVD가 출시된 바 있다.

7) **오카다 도시오** 일본의 작가, 애니메이션 제작사 가이낙스의 전 사
장. 오타쿠 중의 오타쿠라는 의미로서 '오타킹'으로 알려져 있다.
1981년 SF상품의 전문점인 '제네럴 프로덕츠'를 설립. 이 회사는 이

후 1985년에 설립되는 가이낙스의 전신이 된다. 1994년 도쿄 대학교 교양학부에서 비상근강사로 서브컬처를 제재로 한 '멀티미디어 개론' 강의를, 1996년에는 '오타쿠 문화론' 강의를 진행한 것으로 국내에도 알려져 있다. 2003년에는 미국 매서추세츠 공과대학(MIT)에서도 강의를 한 바 있다. 2004년 이탈리아 베네치아 비엔날레 일본관 〈OTAKU:인격＝공간＝도시〉 전시(커미셔너 모리카와 가이치로(199쪽 감수자 주 참고), 참가 작가 단게 겐조, 오카다 도시오, 가이요도, 오시마 유키, 사이토 다마키(216쪽 감수자 주 참고), 가이하쓰 요시아키, 코믹마켓 준비회, 선정우)에 참가. 저서 『오타쿠학 입문』이 2000년 국내에 『오타쿠』(현실과미래사, 2000)란 제목으로 번역 출간되었다.

8) **뉴타입** 애니메이션 〈기동전사 건담〉 시리즈에 등장하는 가공의 개념. '새로운 인류'라는 의미로 붙여진 명칭이지만 시리즈가 거듭되면서 그 의미가 계속 확장되어 현재로서는 명확한 정의를 내리는 것은 매우 곤란하다. 초기에는 '뉴타입'이라 불리우는 인물들 사이에서는 서로를 이해할 수 있다는 특별한 능력을 갖고 있는 것으로 묘사되어, 그런 능력을 가지지 못한 구세대 인류를 '올드타입'이라고 칭하고 있었다.

9) 〈**우주전함 야마토**〉 1974년에 제 1작이 TV애니메이션으로 방영 후 1977년 극장애니메이션 〈우주전함 야마토〉, 1978년 극장애니메이션 〈우주전함 야마토 사랑의 전사들〉, 1978년부터 1979년까지 TV애니메이션 〈우주전함 야마토 2〉, 1979년 TV애니메이션 특별판 〈우주전함 야마토 새로운 출발〉, 1980년 극장애니메이션 〈야마토여 영원히〉, 1980년부터 1981년까지 〈우주전함 야마토 III〉, 1983년 극장애니메이션 〈우주전함 야마토 완결편〉으로 이어졌다. TV 방영 초기에는 인기가 높지 않았으나 재방송과 극장판으로 인하여 1970년대 말부터 1980년대 초까지 일본 전국에서 사회현상이라고 할 수 있을 대히트

를 기록, 이후 일본 애니메이션 역사에 중요한 위치를 점하는 작품이 되었다. 내용은 제목 그대로 우주전함 야마토와 그 승무원들을 중심으로 한 SF.

10) 〈**기동전사 건담**〉 1979년부터 1980년까지 방영된 일본의 TV애니메이션. 최근까지 20년 넘게 이어지고 있는 〈건담〉 시리즈의 제1작이기도 하다. 종래의 로봇 애니메이션에 비교하여 전장을 무대로 한 밀리터리적이고 리얼리티가 강조된 드라마틱한 내용으로 구성되어 이후의 애니메이션 장르에 큰 영향을 미쳤다. 감독은 도미노 요시유키(206쪽 감수자 주 참고). 〈건담〉 시리즈는 이후 1981년 극장애니메이션 〈기동전사 건담〉, 동년 극장애니메이션 〈기동전사 건담 II 애(哀)·전사편〉, 1982년 극장애니메이션 〈기동전사 건담 III 만남의 우주편〉, 1985년부터 1986년까지 TV애니메이션 〈기동전사 Z건담〉, 1986년부터 1987년까지 TV애니메이션 〈기동전사 건담ZZ〉, 1988년 극장애니메이션 〈기동전사 건담 역습의 샤아〉, 1989년 오리지널비디오애니메이션(OVA) 〈기동전사 건담 0080 주머니 속의 전쟁〉, 1991년부터 1992년까지 OVA 〈기동전사 건담 0083 STARDUST MEMORY〉, 1991년 극장애니메이션〈기동전사 건담 F91〉, 1992년 극장애니메이션 〈기동전사 건담 0083 지온의 잔광〉, 1993년부터 1994년까지 TV애니메이션 〈기동전사 V건담〉, 1994년부터 1995년까지 TV애니메이션 〈기동무투전 G건담〉, 1995년부터 1996년까지 〈신기동전기 건담W〉, 1996년부터 1999년까지 OVA 〈기동전사 건담 제08MS소대〉, 1996년 TV애니메이션 〈기동신세기 건담X〉, 1997년 OVA 〈신기동전기 건담W Endless Waltz〉, 1998년 극장애니메이션 〈신기동전기 건담W Endless Waltz 특별편〉, 1998년 극장애니메이션 〈기동전사 건담 제 08MS소대 밀러즈 리포트〉, 1999년부터 2000년까지 TV애니메이션 〈∀건담(턴에이 건담)〉, 1999년 특수촬영드라마 〈G-SAVIOUR(지 세이버)〉, 2002년 극장애니메이션 〈∀건담 지구

광〉, 동년 극장애니메이션 〈∀건담 월광접〉, 2002년부터 2003년까지
TV애니메이션 〈기동전사 건담 SEED〉, 2004년부터 2005년까지 TV애
니메이션 〈기동전사 건담 SEED DESTINY〉, 2006년 OVA 〈기동전사
건담 SEED C.E.73 -STARGAZER-〉까지 발표되었다. 각각의 작품은
초기의 감독 도미노 요시유키의 손을 벗어나, 얼마 전부터는 〈건담〉
을 보면서 자란 세대가 연출한 〈건담〉 시리즈도 등장하고 있다.

11) **모리카와 가이치로** 일본의 건축가, 건축학자. 구와사와 디자인연
구소 특별임용교수. 도쿄 아키하바라의 도시 변천을 테마로 한 대표
적 저작 『취도(취미의 도시)의 탄생―모에의 도시 아키하바라』(겐토
샤)를 2001년도에 발표하여 주목을 받았다. 이후 2004년 이탈리아
의 세계적 미술제전 베네치아 비엔날레의 제9회 국제건축전에서 일
본관 커미셔너를 맡아 〈OTAKU:인격=공간=도시〉 전시를 주도했
다. 이 전시회는 제44회 일본SF대회에서 36년 역사의 '성운상' 자유
부문을 수상했다.

12) **오쓰키 도시미치** 일본의 음반회사 킹레코드의 상무이사이자 동사
의 레이블인 스타차일드 본부장. 또한 애니메이션·특수촬영작품 기
획회사인 갠지즈의 사장이기도 하다. 애니메이션의 제작 프로듀서
로서도 유명한데 대표적인 프로듀싱 작품으로 〈신세기 에반겔리온〉,
〈슬레이어즈〉, 극장판 〈기동전함 나데시코〉, 〈소녀혁명 우테나〉, 〈창
궁의 파프너〉 등이 있다.

13) **오쓰카 에이지** 일본의 평론가, 소설가, 만화원작자, 편집자. 1980
년대에 미소녀잡지 『쁘띠애플파이』, 성인만화잡지 『만화 부릿코』 등
의 편집장을 맡아 이후 일본 만화사에 있어서 중요한 위치를 점하게
되는 만화가 오카자키 교코, 후지와라 가무이(대표작 『드래곤 퀘스
트 로토의 문장』), 다지마 쇼(대표작 『다중인격탐정 사이코』) 등을
발굴했다. 1985년에는 『월간 소년 캡틴』의 편집자로서 다카야 요시
키의 장편만화 『강식장갑 가이버』 초기 담당자로도 활약했다. 1988

년을 전후하여 사회현상과 만화를 중심으로 평론 활동을 시작. 서브 컬처와 오타쿠 방면에서 수많은 저서를 남겼다. 이후에도 2002년에는 일본의 순문학을 정면에서 비판하여 '순문학논쟁'이라 불리게 되는 논쟁을 일으키기도 하는 등 활발한 활동을 보이고 있다. 저서 『전후 만화의 표현공간』으로 1994년 산토리학예상 수상. 2006년 고베 예술공과대학 미디어표현학과 교수로 취임. 원작을 맡은 만화로는 『망량전기 MADARA』『다중인격탐정 사이코』등이. 주요 저서로는 『이야기 소비론—〈빅쿠리만〉의 신화학』(1989년), 『'그녀들'의 연합적군—서브컬처와 전후민주주의』(1996년), 『교양으로서의 망가 · 아니메』(사사키바라 고와 공저. 2001년), 『캐릭터소설을 만드는 법』(2003년), 『'저패니메이션'은 어째서 패하는가』(오사와 노부아키와 공저. 2005년), 『무라카미 하루키론—서브컬처와 윤리』(2006년) 등이 있다.

14) **닌교조루리** 일본의 대표적인 전통인형극.

15) **이키** 에도 시대 후기에 발달한 세련된 미적 감각을 일컫는 말.

16) **무라카미 다카시** 일본 팝아트를 대표하는 현대미술가. 일본의 만화와 애니메이션의 영향을 받아 오타쿠적인 문법을 예술에 접목시킨 일본식 팝아트를 발표하여 세계 미술계의 주목을 받았다. 2001년 미국 로스앤젤레스에서 전람회〈SUPER FLAT〉전을 개최하여 화제를 모았다. 2003년 뉴욕의 경매회사에서 등신대 피겨(figure) 작품〈Miss Ko²〉가 50만 달러라는. 그때까지의 일본 현대미술로서는 최고액에 낙찰되면서 본격적인 성공을 거뒀다. 2005년 뉴욕에서 개인전〈리틀 보이〉전을 개최하여 2006년 큐레이터에게 주어지는 세계 유일의 상인 뉴욕미술관 개최의 최우수테마전람회상을 수상했다. 또한 프랑스의 고급 패션브랜드 '루이 비통'과의 컬래버레이션 제품을 발표하는 등 화제가 끊이지 않는 작가이기도 하다. 아티스트 집단 'Kaikai Kiki' 주재. (http://kaikaikiki.co.jp/)

17) **가나다 요시노리** 1970년부터 현재까지 일선에서 활약하는 일본의 베테랑 애니메이터. 인물에 있어서 독특한 포즈의 묘사와 광선의 표현 등으로 대담하고도 기발한 작화 방법을 고안해, 일본 애니메이션에 있어서 중요한 표현 방법의 변혁을 이루어낸 작가로 평가받고 있다.

18) **원형사** 피규어 모델의 원형을 만드는 사람.

19) **보메** 일본의 피규어(figure) 원형사. 초등학교 4학년 때부터 당시 모형점포의 하나였던 가이요도(海洋堂)에 출입하며 조형을 시작, 현재는 일본의 완구업체로 성장한 가이요도의 대표적 원형사로 자리잡았다. 2001년 오타쿠 문화와 관련하여 프랑스 카르티에 재단에 초빙받는 등 해외에서의 평가도 높다.

20) 〈**시끌별 녀석들**〉 1978년부터 1987년까지 연재된 일본의 만화. 만화가 다카하시 루미코가 『주간 소년 선데이』에 연재하여 큰 인기를 얻었다. 단행본 전34권(쇼가쿠칸). 1980년 제26회 쇼가쿠칸만화상 수상. 1981년부터 1986년까지 TV애니메이션으로 방영되었고 1983년부터 1991년까지 6편의 극장애니메이션이 제작되었다. 그 밖에 오리지널비디오애니메이션(OVA)으로도 다수 제작되는 등 애니메이션으로서도 대히트를 기록한 바 있는 작품.

21) **유키온나** 흰 옷을 입은 여자의 모습으로 나타난다는 눈의 정령.

22) **벤자이텐** 음악, 재물, 지혜를 가져다준다는 칠복신의 하나. 주로 비파를 든 여신의 모습으로 그려진다.

23) **좌충우돌 코미디** 수선을 떨며 단순히 웃기는 것을 목적으로 하는 희극.

24) 〈**기동전함 나데시코**〉 1996년부터 1997년까지 방영된 일본의 TV 애니메이션. 〈신세기 에반겔리온〉의 뒤를 이어 인기를 끈 SF 작품. 1999년 제30회 성운상 미디어부문 수상했다. 국내에서는 1999년 SBS를 통해 〈기동전함 나데카〉란 제목으로 방영되었다.

25) 〈**카드캡터 사쿠라**〉 1996년부터 2000년까지 연재된 일본의 만화.

만화가 집단 CLAMP가 『월간 나카요시』에 연재했고, 연재 도중인 1998년부터 2000년까지 TV애니메이션으로 제작되어 큰 인기를 모았다. 1999년과 2000년에 극장애니메이션으로도 제작되었다. 국내에서는 1999년부터 2000년까지 SBS를 통해 〈카드캡터 체리〉란 제목으로 방영되었다.

26) **아야나미 레이** 애니메이션 〈신세기 에반겔리온〉의 여주인공 중 하나. 독특한 캐릭터로 이후 일본의 만화·애니메이션 문화에 큰 영향을 미쳤다.

27) **데즈카 오사무** 일본을 대표하는 만화가이자 애니메이터. 의학박사 학위를 가진 만화가로서도 유명. 후대의 일본 만화에 큰 영향을 끼친 존재이자, 일본 TV애니메이션에 있어서 소위 '리미티드 애니메이션'이라는 방법론을 정착시키는 데에 중요한 역할을 했다고 평가받는다. 1946년 데뷔 이후 만화에서의 대표작으로 〈신 보물섬〉(1947년), 〈메트로폴리스〉(1949년), 〈정글 대제〉(1950~1954년, 1964~1967년), 〈아톰 대사〉(1951~1952년), 〈철완 아톰〉(1952~1970년, 1972~1973년, 1975~1976년, 1980~1981년), 〈리본의 기사〉(1953~1956년, 1963~1966년), 〈불새〉(1954~1957년, 1967~1972년, 1976~1981년, 1986~1988년), 〈W3(원더 스리)〉(1965~1966년), 〈마그마대사〉(1965~1967년), 〈바다의 트리톤〉(1969~1971년), 〈키리히토 찬가〉(1970~1971년), 〈붓다〉(1972~1983년), 〈블랙잭〉(1973~1983년), 〈미크로이드S〉(1973년), 〈세 눈이 간다〉(1974~1978년), 〈유니코〉(1976~1979년), 〈양지바른 곳의 나무〉(1981~1986년), 〈아돌프에게 고한다〉(1983~1985년) 등이 있다. 애니메이션 분야에서는 〈어느 거리의 이야기〉(1962년), 〈전람회의 그림〉(1966년), 〈불새 2772 사랑의 코스모존〉(1980년), 〈점핑〉(1984년), 〈낡은 필름〉(1985년) 등을 직접 감독한 바 있다. 1963년 스스로 사장을 맡은 무시프로덕션을 이끌고 일본 최초로 TV에서 시리즈로 방영된 애니메이션인

〈철완 아톰〉을, 1965년에는 일본 최초의 컬러 TV애니메이션 〈정글 대제〉를 제작하였다. 1958년 〈만화생물학〉·〈비이코〉로 제3회 쇼가쿠칸 만화상, 1975년 〈블랙잭〉으로 제 4회 일본만화가협회상 특별우수상, 1977년 〈블랙잭〉 〈세 눈이 간다〉로 제1회 고단샤 만화상 소년 부문, 1983년 〈양지바른 곳의 나무〉로 제29회 쇼가쿠칸 만화상, 1984년 단편애니메이션 〈점핑〉으로 자그레브 국제애니메이션영화제 그랑프리, 1985년 〈낡은 필름〉 히로시마 국제애니메이션페스티벌 그랑프리, 1986년 〈아돌프에 고한다〉로 제10회 고단샤 만화상 일반부문, 1989년 제10회 일본SF대상 특별상, 1990년 제19회 일본만화가협회상 문부대신상 등을 수상했고, 1989년 서거 후 즈이호쇼 훈장이 서훈되었다. 1994년에는 일본 효고 현 다카라즈카 시에 시립 데즈카 오사무 기념관이 개관되었다.

28) 〈철완 아톰〉 데즈카 오사무의 SF만화 및 그 만화를 원작으로 한 TV애니메이션과 특수촬영드라마. 한국 제목은 〈우주소년 아톰〉, 영문 제목은 〈Astro Boy〉. 작품이 만들어진 당시로부터 약 50년 이후인 21세기 미래세계를 그리고 있다. 주인공은 감정을 가진 소년 모습의 로봇 '아톰'. 주인공 아톰은 1951년 발표된 데즈카 오사무의 만화 〈아톰 대사〉에 등장했다가 인기가 있어 주인공으로 발탁되었다. 1952년부터 1968년까지 잡지에서 연재되었다. 1957년에는 TV '종이연극'으로 제작되었고, 1959년에는 TV용 특수촬영드라마로, 그리고 1963년에는 일본 최초의 1화 30분 형태의 TV용 장편 시리즈 애니메이션으로 제작되었다. (과거 국내에서는 〈철완 아톰〉을 '일본 최초의 TV 애니메이션'이라는 식으로 소개한 적이 많았으나 실제로는 그 이전에 TV 애니메이션이 이미 존재하고 있었기 때문에 '일본 최초의 1화 30분 형태의 TV용 장편 시리즈 애니메이션'이라고 표현하는 것이 보다 정확하다고 할 수 있다.) 이 TV애니메이션이 평균 시청률 30%를 넘는 인기를 끌어 일본은 물론 세계 시장에서 TV애

니메이션 시리즈를 정착시키는 데에 큰 공헌을 했다. 당초 흑백 작품이던 것이 1980년에 제작된 두번째 시리즈는 컬러 애니메이션으로 만들어졌다. (이 컬러판이 국내에서는 〈돌아온 아톰〉이란 제목으로 방영되었다.) 2003년에는 〈아스트로 보이 철완 아톰〉이란 제목으로 다시금 신작 시리즈가 TV애니메이션으로 제작된 바 있다.

29) **뱅크 시스템** 자주 사용되는 인물, 배경 등을 저장해두고 재활용하는 방법.

30) **대화 립싱크** 음성과 입 모양을 일치시키는 것. TV 애니메이션에서는 세 가지 기본 모양만으로 이루어지는 경우가 많다.

31) **오쓰카 야스오** 일본의 애니메이터. 도에이동화 애니메이터 제1기생으로서 일본 애니메이션의 초창기부터 활약한 베테랑 애니메이터. 미야자키 하야오, 다카하타 이사오 등과 함께 〈루팡 3세〉, 〈팬더 아기팬더〉, 〈미래소년 코난〉 등에 참가했다. 2006년 현재는 애니메이션 제작 일선에서 물러나 후진 양성에 힘쓰고 있다.

32) **미야자키 하야오** 일본의 애니메이션 감독, 만화가. 애니메이션 제작회사 스튜디오 지부리 소속. 개인 사무소인 주식회사 니바리키 대표이사 사장. 1963년 도에이동화에 입사하여 애니메이터로 활동하기 시작하여 이후 1978년 〈미래소년 코난〉으로 연출가로 전향했다. 1982년 만화 〈바람 계곡의 나우시카〉를 연재 개시하여 만화가로서도 데뷔. 1993년 〈붉은 돼지〉로 앙시국제애니메이션페스티벌 장편부문상, 1994년 〈바람 계곡의 나우시카〉로 제23회 일본만화가협회상 대상, 1998년 〈모노노케히메〉로 일본아카데미상 최우수작품상 및 제1회 문화청미디어예술제 애니메이션부문 대상, 2002년 〈센과 치히로의 행방불명〉으로 제52회 베를린국제영화제 금곰상 및 제68회 뉴욕영화비평가협회 최우수애니메이션상, 2003년 〈센과 치히로의 행방불명〉으로 제30회 애니상 장편애니메이션영화상 · 감독상 · 각본상 · 음악상 및 제75회 아카데미상 장편애니메이션영화상, 2004

년 〈하울의 움직이는 성〉으로 제61회 베네치아국제영화제 기술공헌상을 수상했다. 2002년 프랑스 국가공로상 및 파리시 훈장 수상했고 2005년 〈TIME〉지 선정 '세계에서 가장 영향력이 있는 100명'에 선정되었으며 2006년 미국 아카데미상 선고위원으로 선정되었다. 감독, 혹은 연출을 맡은 대표작으로는 〈미래소년 코난〉 외에 〈루팡 3세 칼리오스트로의 성〉(1979년), 〈바람 계곡의 나우시카〉(1984년), 〈천공의 성 라퓨타〉(1986년), 〈이웃집 토토로〉(1988년), 〈마녀 배달부 키키〉(1989년), 〈붉은 돼지〉(1992년), 〈모노노케히메〉(1997년), 〈센과 치히로의 행방불명〉(2001년), 〈하울의 움직이는 성〉(2004년) 등이 있다.

33) **다카하타 이사오** 일본의 애니메이션 감독, 프로듀서. 일본 애니메이션의 초창기부터 활약한 베테랑 연출가. 도에이동화 시절부터 미야자키 하야오의 선배로서 오랜 세월 동안 함께 일했다. 감독, 혹은 연출을 맡은 대표작으로는 〈태양의 왕자 호루스의 대모험〉(1968년), 〈팬더 아기팬더〉(1972년), 〈알프스의 소녀 하이디〉(1974년), 〈엄마 찾아 삼만리〉(1976년), 〈빨간머리 앤〉(1979년), 〈첼로 켜는 고슈〉(1982년), 〈반딧불의 묘〉(1988년), 〈추억은 방울방울〉(1991년), 〈폼포코 너구리 대작전〉(1994년), 〈이웃집 야마다군〉(1999년) 등이 있다.

34) **린타로** 일본의 애니메이션 감독. 애니메이션 제작회사 매드하우스 소속. 감독, 혹은 치프 디렉터를 맡은 대표작으로는 〈정글 대제〉(1968년), 〈무밍[제1기]〉(1970년), 〈무밍 [제 2기]〉(1972년), 〈제타 마르스〉(1977년), 〈우주해적 캡틴 하록〉(1978년), 〈은하철도 999〉(1979년), 〈환마대전〉(1983년), 〈카무이의 검〉(1985년), 〈불새 봉황편〉(1986년), 〈X〉(1996년), 〈알렉산더 전기〉(2000년, 공동감독), 〈메트로폴리스〉(2001년) 등이 있다.

35) **야스히코 요시카즈** 일본의 애니메이터, 캐릭터디자이너, 만화가. 고베예술공과대학 미디어표현학과 교수. 1970년 무시프로덕션에 입

사하여 애니메이터로 활동하기 시작. 이후 1979년 방영된 〈기동전사 건담〉의 캐릭터디자인을 맡아 일약 인기를 얻는다. 1979년 만화 〈아리온〉을 발표하여 만화가로도 데뷔. 1986년 〈아리온〉을 애니메이션화하면서 스스로 감독을 맡기도 했다. 감독을 맡은 애니메이션에는 〈아리온〉 외에 〈자이언트 고그(거신 고그)〉(1984년), 〈비너스 전기〉(1989년) 등이 있다. 캐릭터디자인과 작화감독을 맡은 대표적 애니메이션 작품에는 〈용자 라이딘〉(1975년), 〈초전자로보 컴배틀러 V(브이)〉(1976년), 〈무적초인 잠보트 3〉(1977년), 〈기동전사 건담〉(1979년), 〈기동전사 Z건담〉(1985년), 〈기동전사 건담 F91〉(1991년) 등이 있다. 대표적인 만화 작품에는 〈아리온〉과 〈비너스 전기〉 외에 〈무지개색의 트로츠키〉(1990~1996년), 〈기동전사 건담 THE ORIGIN〉(2001년~연재중) 등이 있다. 그 밖에도 인기 소설 『더티 페어』 시리즈(다카치호 하루카 저), 『황금박차』 시리즈(오료지 시즈카 저) 등의 삽화를 맡기도 했다.

36) **도미노 요시유키** 일본의 애니메이션 감독, 작사가, 소설가. 〈기동전사 건담〉을 필두로 하는 〈건담〉 시리즈의 연출가 및 원안 제공자. 일본 최초의 TV 장편 시리즈 애니메이션 〈철완 아톰〉부터 애니메이터로 참여하는 등 일본의 TV애니메이션계에 초기부터 참여한 바 있다. 소설가로서는 본인의 애니메이션 작품의 소설을 다수 발표했다. 작사가로서도 본인의 애니메이션 작품의 주제가를 다수 작사했다. 감독, 혹은 치프 디렉터로서 참가한 애니메이션 작품에는 〈건담〉 시리즈 외에 〈바다의 트리톤〉(1972년), 〈용자 라이딘〉(1975년), 〈무적초인 잠보트 3〉(1977년), 〈무적강인 다이탄 3〉(1978년), 〈전설거신 이데온〉(1980년), 〈전투메카 자분글〉(1982년), 〈성전사 단바인〉(1983년), 〈중전기 엘가임〉(1984년), 〈브레인 파워드〉(1998년), 〈OVERMAN 킹게이나〉(2002년), 〈린의 날개〉(2005년) 등이 있다. (〈기동전사 건담〉과 그 시리즈에 대해서는 198쪽 감수자 주 참조.)

37) **스튜디오 누에** 일본의 SF 중심의 기획 제작 스튜디오. SF소설 『더 티 페어』의 소설가 다카치호 하루카와 메카닉디자이너 미야타케 가즈타카 등이 소속되어 있다. 로버트 A. 하인라인의 소설 〈스타쉽 트루퍼스〉 일본어판의 삽화가 이후 〈기동전사 건담〉의 '모빌 수트'에 영향을 주었다는 평가를 받고 있다. 〈초시공요새 마크로스〉의 원작을 맡아 일약 유명해졌다.

38) **오구로 유이치로** 일본의 애니메이션 업계 종사자. 스튜디오 유 사장. 애니메이션 〈소녀혁명 우테나〉(1997년) 제작을 위해 결성된 제작집단 '비파파스'에 참가하여 플래너와 홍보를 담당. 애니메이션 잡지 『아니메 스타일』 편집장.

39) **코믹 마켓** 만화, 애니메이션 관련 동인지의 대규모 전시, 판매회. 줄여서 '코미케' '코미켓'이라고도 한다.

40) **〈미소녀전사 세일러문〉** 1991년부터 1997년까지 연재된 일본의 만화. 그리고 그 만화를 원작으로 한 애니메이션 시리즈. 미소녀 주인공이 변신하여 싸운다는 내용으로 일본을 비롯하여 전 세계에 붐을 일으킨 인기 작품. 한국에서는 〈달의 요정 세일러문〉이란 제목으로 1997년 KBS에서 방영되었다. 애니메이션 시리즈로는 〈미소녀전사 세일러문〉(1992년), 〈미소녀전사 세일러문 R〉(1993년), 〈미소녀전사 세일러문 S〉(1994년), 〈미소녀전사 세일러문 SuperS〉(1995년), 〈미소녀전사 세일러문 세일러 스타즈〉(1996년) 등 TV애니메이션을 비롯하여 극장애니메이션도 다수 제작되었다. 그 밖에 뮤지컬로도 장기간에 걸쳐 큰 인기를 끌었으며, 2003년에는 TV드라마로도 제작되었다.

41) **나카모리 아키오** 일본의 칼럼니스트, 편집자. '오타쿠'란 말을 현재의 의미로 유행시킨 장본인. 1983년 오쓰카 에이지(199쪽 감수자 주 참조)가 편집장을 맡고 있던 『만화 부릿코』 지면에 연재하던 「'오타쿠'의 연구」라는 칼럼에서 〈건담〉이나 〈루팡 3세 칼리오스트로의

성〉팬들의 이상성을 지적하며 '오타쿠'라고 명명. 이 기사가 편집장 오쓰카 에이지의 반발을 사게 되어 그해 말 칼럼이 연재 중단되는 일이 발생했다.

42) **아사다 아키라** 교토 대학 경제연구소 조교수. 1983년 26세 때에 발표한 〈구조와 힘—기호론을 넘어서〉가 철학서로서는 드물게 10만 부를 넘는 베스트셀러가 되면서, 이듬해 출판한 〈도주론—스키조 키즈의 모험〉과 함께 '아사다 아키라 현상'을 일으키며 일본 사회에 현대사상 붐을 주도했다. '스키조', '파라노'라는 단어를 1984년 일본 사회의 유행어로 만들면서 제1회 신조어·유행어 대상을 수상하기도 했다. 프랑스의 철학자 들뢰즈와 가타리, 데리다를 일본에 소개한 것으로 알려져 있으며, 1980년대부터 1990년대에 걸쳐 잡지 『비평공간』의 편집위원을 맡아 일본 현대사상을 이끌어온 중요한 인물이다.

43) 〈**메가존23**〉 1985년 발매된 일본의 오리지널비디오애니메이션(OVA) 작품. 전쟁으로 파괴된 지구를 탈출한 지구인들이 거대한 도시형 우주선 안에서 거주한다는 내용의 SF애니메이션.

44) **사카모토 류이치** 일본의 음악가, 영화배우. 1978년 결성한 'YMO'는 테크노라는 장르를 일본에서 활성화시킨 중요한 그룹으로 평가받는다. 1983년 오시마 나기사 감독의 의뢰로 영화 〈전장의 메리 크리스마스〉에 출연과 동시에 음악을 담당한다. 1987년 베르나르도 베루톨루치 감독의 영화 〈마지막 황제〉에도 출연, 역시 음악도 공동으로 담당하여 이 영화음악으로 미국 아카데미상 작곡상을 수상했다.

45) **아카호리 사토루** 일본의 소설가, 라이트노벨 작가, 각본가, 만화 원작자. 1988년 TV애니메이션 〈What's Michael〉의 각본을 담당하며 데뷔. 1990년대 이후 발표한 소설 『폭렬 헌터』 『세이버 마리오넷』 시리즈 등이 애니메이션으로도 인기를 끌면서 만화, 애니메이션, 게

임 등 각 분야에서 활동을 시작했다. 부인은 소녀만화가로 유명한 기타가와 미유키. 소설에서의 대표작은 『사쿠라 대전』 『MAZE☆폭렬시공』 『NG전사 라무네&40』 『라임색 전기담』 『아베노바시 마법☆상점가』(원안설정 가이낙스) 등이 있으며 원작을 맡은 만화로는 『마스터 모스키튼』 등이 있다.

46) **캐릭터 모에** 만화나 애니메이션, 게임 등의 소녀 캐릭터 등에 사랑에 가까운 애착을 품는 것을 일컫는 은어. 특히 특정한 외양이나 성격을 가진 캐릭터에 대한 호의를 말한다. 이하에서 동사형(萌える)으로 쓰여 '모에를 느끼다' 또는 '무언가에 열중하다' 라는 뜻을 나타내는 경우는 '열광하다' 로 옮겼다.

47) **미소녀 게임** 여성 캐릭터의 매력을 내세운 게임의 총칭. 좁게는 여성과의 연애 시뮬레이션 게임을 가리킨다.

48) **쇼와겐로쿠** 쇼와 시대, 특히 6, 70년대를 문화적, 경제적 번영기였던 에도 전기의 겐로쿠 시기에 빗댄 말.

49) **데포르메** 조형, 미술 등에서 대상을 과장되게 변형시켜 표현하는 것.

50) **이미지 클럽** 젊은 여성이 교복이나 여러 가지 직업의 유니폼을 입고 가상의 상황을 설정해 성적 서비스를 제공하는 유흥업소.

51) **셀화** 셀룰로이드로 만든 투명 시트에 그려진 그림.

52) **고바야시 요시노리** 일본의 만화가. 계간지 『와시즘』 책임편집장. 1976년 발표한 개그만화 『동대 일직선』으로 일세를 풍미했다. 1986년부터 1994년에 발표한 『오보챠마군』도 높은 인기를 끈 개그만화. 1992년 『고마니즘 선언』을 발표하면서 화제를 모으게 된다. 이후 『신 고마니즘 선언 스페셜 전쟁론』과 『신 고마니즘 선언 스페셜 대만론』 『신 고마니즘 선언 스페셜 야스쿠니론』 등을 발표했다. 한때 '새로운 역사교과서를 만드는 모임'에도 참여했으나 2002년 미국에 대한 견해 차이 등을 이유로 갈라선 바 있다. 대만의 일본 통치 시대를

긍정하고 국민당을 비판하는 내용의 『신 고마니즘 선언 스페셜 대만론』 중국어판이 13만부를 넘는 베스트셀러가 되었으나 한편으로 불매·항의 운동이 일어나 2001년 대만 입국 금지 조치가 취해졌으나 곧 해제되었다.

53) **후쿠다 가즈야** 문학평론가. 대표적인 저서로는 『일본의 가향』(1993, 제6회 미시마 유키오 상 수상) 『감미로운 인생』(1996) 『악녀의 미식술』(2006) 등이 있다.

54) **도리하다 미노루** 일본의 코미디언. 우익적인 언동과 비주얼을 통해 개그를 선보이는 코미디언. '강연회'라고 이름 붙인 자신의 라이브 공연에서는 주로 일본 사회에서 터부시되는 것들을 다루곤 한다.

2장 데이터베이스적 동물

1) **〈세일러문〉의 원작자** 다케우치 나오코武內直子. 〈세일러문〉에 대해서는 207쪽 감수자 주 참조.

2) **〈에반겔리온〉의 제작회사** 가이낙스 Gainax. 211페이지 감수자 주 참조.

3) **나카지마 아즈사** 일본의 소설가 구리모토 가오루가 평론 활동을 할 때에 사용하는 필명. 구리모토 가오루는 SF·판타지·미스테리·호러 장르에서 주로 활약하는 여성 소설가로서, 대표작으로는 100권을 돌파한 세계 최장의 판타지 소설이라고 평가받는 『구인 사가』(1979년~)를 비롯하여 『마계수호전』(국내에 『SF수호지』란 제목으로 번역됨) 등이 있다. 평론서로 『미소년학 입문』(1984년), 『커뮤니케이션 부전증후군』(1991년), 『타나토스의 아이들—과잉적응의 생태학』(1998년) 등이 있다.

4) **연합적군사건** 연합적군은 1971년부터 1972년까지 활동한 일본의 신좌익 무장전투조직을 일컫는 것으로, '연합적군사건'이란 1971년

12월 31일부터 연합적군이 일으킨 '산악 베이스 사건' '아사마 산장 사건' 등의 2대 사건을 가리킨다. 총기로 무장한 연합적군 멤버가 9일간 경찰과 대치한 모습이 TV로 생중계되어 일본 사회에 커다란 충격을 던졌다.

5) **오냥코 클럽** 1985년 후지TV의 TV프로그램을 통해 탄생한 일본의 여성 아이돌 그룹. 데뷔 싱글 〈세일러복을 벗기지 말아요〉를 비롯하여 수많은 히트곡을 남겼다. 어린 여중고생을 다수 기용하여 아이돌 그룹 형태로 만드는 수법은 이후 '모닝구 무스메' 등으로 이어지게 된다. 오냥코 클럽 출신으로 이후 일본 가요계에 중요한 가수가 된 인물로는 닛타 에리, 고쿠쇼 사유리, 구도 시즈카 등 다수.

6) **〈기동전사 Z건담〉** 198~199쪽 감수자 주 〈기동전사 건담〉 참조.

7) **〈기동전사 건담ZZ〉** 198~199쪽 감수자 주 〈기동전사 건담〉 참조.

8) **〈역습의 샤아〉** 198~199쪽 감수자 주 〈기동전사 건담〉 참조.

9) **가이낙스** 일본의 애니메이션 제작회사. 1981년 일본SF대회 'DAICON3'의 오프닝 애니메이션을 제작한 학생들이 SF샵인 '제네럴 프로덕츠'를 중심으로 모였는데 그들이 바로 이후 가이낙스의 주요 멤버가 된 오카다 도시오(196쪽 감수자 주 참조), 다케다 야스히로, 아카이 다카미(게임 〈프린세스 메이커〉일러스트레이터), 야마가 히로유키(애니메이션 〈왕립우주군~오네아미스의 날개〉와 〈마호로매틱〉 감독), 안노 히데아키 등이다. 이들을 중심으로 1984년 극장애니메이션 〈왕립우주군~오네아미스의 날개〉을 제작하기 위해 오카다 도시오가 독립하여 설립한 것이 애니메이션 제작회사 가이낙스다. 1984년에는 제네럴 프로덕츠의 주최로 이후 세계 최대의 개러지키트(소량생산의 조립형 모형) 이벤트로 자리잡게 되는 〈원더 페스티벌〉을 개시했다. 1989년부터는 PC게임의 제작에도 나서 1991년 아카이 다카미가 감독과 캐릭터디자인을 맡은 〈프린세스 메이커〉 시리즈로 큰 인기를 모았다. 1992년 창설 멤버였던 마에다 마히로

(애니메이션 〈청의 6호〉 〈암굴왕〉 감독), 히구치 신지(영화 〈로렐라이〉 〈일본침몰〉 감독) 등이 독립하여 애니메이션 제작 스튜디오 GONZO를 설립. 1995년 발표한 TV애니메이션 〈신세기 에반겔리온〉으로 일본 애니메이션계에 커다란 영향을 미쳤다. 대표작으로는 극장애니메이션 〈왕립우주군~오네아미스의 날개〉. 이후 〈톱을 노려라!~GUNBUSTER~〉(1988년), 〈신비한 바다의 나디아〉(1990년), 〈신세기 에반겔리온〉(1995년), 〈그 남자 그 여자의 사정〉(1998년), 〈프리크리〉(2000년), 〈마호로매틱〉(2001년), 〈Re:큐티 하니〉(2004년), 〈톱을 노려라 2!〉(2004년) 등이 있다.

10) **안노 히데아키** 일본의 애니메이션 감독. 1983년 미야자키 하야오(204쪽 감수자 주 참조) 감독의 〈바람 계곡의 나우시카〉 원화로 채용된 후 〈초시공요새 마크로스〉, 〈왕립우주군~오네아미스의 날개〉 등에 주로 메카닉 및 이펙트 효과 담당으로 활동했다. 1984년 주식회사 가이낙스 설립에 참가했다. 감독을 맡은 대표작으로는 오리지널비디오애니메이션(OVA) 〈톱을 노려라!~GUNBUSTER~〉(1988년), TV애니메이션 〈신비한 바다의 나디아〉(1990년), TV애니메이션 〈신세기 에반겔리온〉(1995년), 극장애니메이션 〈신세기 에반겔리온 극장판 사도 신생〉(1997년), 극장애니메이션 〈THE END OF EVANGELION〉(1997년), 실사영화 〈러브&팝〉(1998년), 〈그 남자 그 여자의 사정〉(1998년), 실사영화 〈큐티 하니〉(2004년) 등이 있다.

11) **트레이딩 카드** 교환이나 수집을 주목적으로 하는 카드. 흔히 줄여서 '트레카'라고 부른다.

12) **디지캐럿** 일본의 캐릭터상품 제작사 주식회사 브로콜리의 캐릭터 기획 상품. 1998년 브로콜리와 동사가 운영하는 캐릭터샵 '게이머즈'의 마스코트 캐릭터로 등장한 이후, 사컷만화와 애니메이션 등으로 발전하면서 인기를 모았다. 애니메이션 〈Di Gi Charat〉는 1999년부터 여러 가지 형태로 제작되어 2007년 현재까지 이어지고 있다.

13) 〈크림레몬 흑묘관〉 일본의 성인애니메이션 시리즈 〈크림레몬〉 중한 편.

14) 〈시즈쿠〉 1996년 일본의 게임 제작 브랜드 리프가 발표한 성인게임. '비주얼 노벨' 이라 불리는 게임 장르에 속하는 것으로 평가받고있다.

15) 〈리프 파이트〉 〈리프 파이트 TCG〉는 리프 브랜드의 게임 〈리프파이트 97〉을 바탕으로 1999년 발표한 트레이딩카드게임(TCG)의일종.

16) **사다모토 요시유키** 일본의 애니메이션 캐릭터디자이너, 만화가.애니메이션 제작회사 가이낙스 소속.

17) **사토 다쓰오** 일본의 애니메이션 캐릭터디자이너, 만화가. 애니메이션 제작회사 가이낙스 소속. 캐릭터디자인, 혹은 작화감독을 맡은애니메이션에는 극장애니메이션 〈왕립우주군~오네아미스의 날개〉(1987년), 오리지널비디오애니메이션(OVA) 〈톱을 노려라!~GUNBUSTER~〉(1988년), TV애니메이션 〈신비한 바다의 나디아〉(1990년), TV애니메이션 〈신세기 에반겔리온〉(1995년), OVA 〈프리크리〉(2000년), 극장애니메이션 〈시간을 건너는 소녀〉(2006년)가있고, 역시 캐릭터디자인을 맡은 게임으로는 〈.hack〉 시리즈가 대표적이다. 만화로서의 대표작은 1995년부터 현재까지 연재중인 〈신세기 에반겔리온〉이 있다.

18) **아사미야 기아** 일본의 만화가. 애니메이터 기쿠치 미치타카와는다른 인물인 것처럼 행동해왔으나 최근 들어 동일인물임을 인정한바 있다. 1987년 만화 〈신성기 바그란츠〉로 데뷔한 이후 〈사일런트메비우스〉 〈컴파일러〉 〈유격우주전함 나데시코〉 〈쾌걸 증기탐정단〉,〈그녀의 카레라〉 등을 발표했다. 애니메이터로는 TV애니메이션 〈초음전사 보그맨〉(1988년), 오리지널비디오애니메이션(OVA) 〈명왕계획 제오라이머〉(1988년), TV애니메이션 〈천공전기 슈라토〉(1989년)

등의 캐릭터디자인, 혹은 작화감독을 맡았다. 자신의 만화를 원작으로 한 〈사일런트 메비우스〉는 1991년의 첫번째 극장애니메이션에서 총감독과 캐릭터디자인을 맡았고 1992년의 두번째 극장애니메이션에서는 감수와 캐릭터디자인을 맡은 바 있다.

19) **세이료인 류스이** 일본의 소설가. 대학 재학중이던 1996년 『코즈믹 세기말탐정진화』로 제2회 메피스토 상을 수상하며 데뷔. 일본의 현대 추리소설을 대표하는 작가로서, 종래의 추리소설과는 전혀 다른 매우 독특한 작풍 탓에 데뷔 당시 일본 추리소설계에 찬반양론의 논쟁을 일으킨 바 있다.

20) **『코즈믹』** 세이료인 류스이의 데뷔작이자 대표작 중 하나. 총 삼백오십 명 이상이 소속되어 있다는 일본탐정클럽(JDC)의 탐정들이 활약하는 〈JDC 시리즈〉의 첫번째 작품.

21) **아라이 모토코** 일본의 SF소설가. 1977년 고등학교 2학년 때에 제1회 기상천외SF신인상 가작 입선으로 데뷔. 대표작은 영화화된 『그린 레퀴엠』(1980년), 『넵튠』(1980년), 애니메이션화된 『문을 열고서』(1981년) 등 다수.

22) **구루마다 마사미** 일본의 만화가. 『링에 걸어라』 『풍마의 코지로』 『세인트 세이야(성투사 세이야)』 등, 우정과 근성을 내세운 열혈만화를 다수 발표했다.

23) **신본격 미스터리** 80년대까지 융성했던 사회파 추리소설과 달리 트릭 등 추리소설 본연의 재미를 추구한 흐름.

24) **교고쿠 나쓰히코** 일본의 소설가, 요괴연구가. 1994년 『우부메의 여름』으로 데뷔. 1996년 『망량의 상자』가 제49회 일본추리작가협회상 장편부문 수상. 1998년 『웃는 이에몬』이 제118회 나오키 상, 2003년 『엿보는 고헤이지』가 제128회 나오키 상 후보에 올랐고, 2004년 『후항설백물어(後巷說百物語)』로 제130회 나오키 상을 수상했다. 작가 데뷔 이전부터 디자이너이자 장정가로서도 활동하고 있어, 타 작가

의 커버디자인을 맡기도 하고 자신의 작품을 직접 DTP 소프트웨어를 이용하여 편집하기도 한다.

25) **모리 히로시** 일본의 소설가. 국립 나고야 대학 대학원 전임조교수로 근무하며 추리소설을 주로 집필했다. 1996년 『모든 것이 F가 된다』로 제1회 메피스토 상을 수상하며 데뷔. 그외 대표작으로 『차가운 밀실과 박사들』 등이 있다.

26) **가사이 기요시** 일본의 소설가. 추리소설과 SF소설을 다수 발표했고 문예평론가로도 활동하고 있다. 1979년 『바이바이, 앤젤』로 가도카와 소설상을 수상하며 데뷔. 추리소설로는 『철학자의 밀실』 『서머 아포칼립스』 등이 유명하며, 그 밖의 대표작으로는 『뱀파이어 전쟁』 『사이킥 전쟁』 등이 있다.

27) **아사노 마사히코** 주로 모형 문화에 대해 기고하는 일본의 자유기고가. 모형 잡지나 이벤트의 프로듀싱을 하기도 한다. 오타쿠적인 디자인을 예술에 접목시킨 무라카미 다카시(200쪽 감수자 주 참조)와 공동 작업을 하기도 했다.

28) **에마키** 헤이안 시대와 가마쿠라 시대에 발달한 일본의 전통적인 두루마리 그림. 주로 그림과 글이 섞여 있다.

29) **가미시바이** 종이연극. 그림을 한 장씩 보여주면서 연극적인 설명을 덧붙이는 것. 30년대에 시작되었다.

30) **〈오토기리소〉** 1992년 일본의 게임 제작회사 츈소프트가 발매한 수퍼패미컴(일본의 가정용 게임기)용 게임. '사운드 노벨 시리즈'의 첫번째 작품으로서 이후 일본 '어드벤처 게임' 장르에 큰 영향을 미쳤다. 특히 '미소녀 게임'으로 불리우게 되는 성인용 게임에 있어서 중요한 방향성을 제시한 작품으로 알려져 있다.

31) **매드 비디오** 애니메이션 영상과 음악을 편집하여 팬들이 자유롭게 만든 2차 창작물. 저작권면에 있어서는 문제의 소지가 다분하나, 최근 들어서는 유튜브(YouTube) 등 영상물 공유 사이트를 통해 세

계적으로 인기를 끌고 있다.

32) 사이토 다마키 일본의 정신과 의사, 평론가. 전문은 사춘기 및 청년기의 정신병리학. 히키코모리(은둔형 외톨이) 분야의 전문가로서도 유명하다. 만화, 애니메이션, 오타쿠 문화에 대해서도 활발하게 언급하는 평론가이기도 하다. 특히 2000년 발표한 『전투미소녀의 정신분석』이 〈미소녀전사 세일러문〉 등으로 대표되는 일본 애니메이션의 히로인들이 어째서 '싸우는 소녀'로 그려지는가에 대해 분석을 시도했다. 이탈리아 베네치아 비엔날레 일본관 〈OTAKU:인격＝공간＝도시〉 전시에도 작가로서 참가한 바 있다.

33) 미야다이 신지 일본의 사회학자. 도쿄 도립대학 사회학과 조교수를 거쳐 수도대학 도쿄 도시교양학과 준교수로 재직중. 일본 여고생들의 원조교제, '고가루' 문화 등을 분석하여 이름을 알렸다. 대표적인 저서로 『서브컬처 신화해체』(1993년, 공저), 『제복 소녀들의 선택』(1994년), 『끝없는 일상을 살아라—옴진리교 완전극복 매뉴얼』(1995년), 『원조교제부터 천황까지』(2002년) 등이 있다.

3장 초(超)평면성과 다중인격

1) 간노 히로유키 일본의 게임 디자이너, 시나리오라이터. '겐노 유키히로'란 별도의 필명을 가지고 있다. 일본의 성인용 게임 브랜드 '시즈웨어'를 통해 〈DESIRE〉(1994년), 〈EVE burst error〉(1995년) 등을 발표하여 주목을 받았고, 이후 역시 성인용 게임 브랜드인 '엘프'로 이적하여 〈이 세상의 끝에서 사랑을 노래하는 소녀 YU-NO〉(1996년)으로 그 명성을 부동의 것으로 만들었다.

■ 참고문헌

아사다 아키라(淺田彰), 『구조와 권력構造と力』, 勁草書房, 1983.

아즈마 히로키(東浩紀), 『존재론적, 우편적存在論的,郵便的』, 新潮社, 1998.

_____ , 『우편적 불안들郵便的不安たち』, 朝日新聞社, 1999.

_____ , 「포스트모던 재고ポストモダン再考」, 『우편적 불안들#郵便的不安たち#』, 朝日
文庫, 2002.

오사와 마사치(大澤眞幸), 『전자 미디어론電子メディア論』, 新曜社, 1995.

_____ , 『허구시대의 끝虛構の時代の果て』, 筑摩書房, 1996.

_____ , 『전후시대의 사상 공간戰後時代の思想空間』, 筑摩書房, 1998.

오쓰카 에이지(大塚英志), 『이야기 소비론物語消費論』, 新曜社, 1989.

_____ , 『이야기 체조物語體操』, 朝日新聞社, 2000.

오카다 도시오(岡田斗司夫), 『오타쿠학 입문オタク學入門』, 大田出版, 1996.

가사이 기요시(笠井潔), 『탐정소설론II探偵小說論II』, 東京創元社, 1998.

가사하라 도시오(笠原敏雄) 편, 『다중인격장애多重人格障害』, 春秋社, 1999.

가라타니 고진(柄谷行人), 『비평과 포스트모던批評とポスト・モダン』, 福武書店, 1989.

다니엘 키스, 『24인의 빌리 밀리건』, 호리우치 시즈코(堀內靜子) 옮김, 早川書房, 1999.

알렉상드르 코제브, 『헤겔 독해 입문』, 고즈마 타다시(上妻精)・곤노 마사카타(今野雅方) 옮
김, 國文社, 1987.

사이토 다마키(齊藤環), 『전투 미소녀의 정신분석戰鬪美少女の精神分析』, 大田出版, 2000.

사카모토 류이치(坂本龍一)・무라카미 류(村上龍) 공저, 『EV. cafe』, 講談社(講談社文庫), 1989.

사와라기 노이(椹木野衣), 『시뮬레이셔니즘シミュレーショニズム』, 河出書房, 1994.

_____ , 『일본・현대・미술日本・現代・美術』, 新潮社, 1998.

시오다 노부유키(塩田信之)・CB's Project 편, 『불확정세계의 탐정신사 월드 가이던스不確定時
代の探偵紳士 ワールドガイダンス』, ソフトバンクパブリシング, 2000.

슬라보예 지젝, 『이데올로기라는 숭고한 대상』, 스즈키 쇼(鈴木晶) 옮김, 河出書房新社, 2000.

페터 슬로터디크, 『시니컬 이성비판』, 다카다 다마키(高田珠樹) 옮김, ミネルヴァ書房, 1996.

세이료인 류스이(淸涼院流水), 『코즈믹コズミック』, 講談社(講談社ノベルス), 1996.

세이료인 류스이(清涼院流水), 『조커ジョーカー』, 講談社(講談社ノベルス), 1997.

_____, 『19박스19ボックス』, 講談社(講談社ノベルス), 1997.

_____, 『카니발カーニバル』, 講談社(講談社ノベルス), 1999.

나카지마 아즈사(中島梓), 『커뮤니케이션 부전 증후군コミュニケーション不全症候群』, 筑摩書房(筑摩文庫), 1995.

컴퓨터 미소녀 게임 연구회(パソコン美少女研究會) 편, 『컴퓨터 미소녀 게임 역사 대전パソコン美少女ゲーム歷史大全』, ぶんか社, 2000.

이언 해킹, 『기억을 다시 쓴다』, 가타자와 이타루(北澤格) 옮김, 早川書房, 1998.

프랭크 W. 퍼트넘, 『해리』, 나카이 히사오(中井久夫) 옮김, みすず書房, 2001.

발터 벤야민, 『보들레르』, 노무라 오사무(野村修) 편역, 岩波書店(岩波文庫), 1994.

장 보드리야르, 『상징교환과 죽음』, 이마무라 히토시(今村仁司)·쓰카하라 후미(塚原史) 옮김, 筑摩書房(ちくま學芸文庫), 1992.

장 보드리야르, 『시뮬라크르와 시뮬라시옹』, 다케하라 아키코(竹原あき子) 옮김, 法政大學出版局, 1984.

미야다이 신지(宮台眞司), 『제복 소녀들의 선택制服少女たちの選擇』, 講談社, 1994.

_____, 『끝없는 일상을 살아라終りなき日常を生きろ』, 筑摩書房(ちくま文庫), 1998.

무라카미 다카시(村上隆) 편, 『슈퍼플랫スーパーフラット』, マドラ出版, 2000.

모리 다쿠야(森卓也), 『애니메이션 입문アニメーション入門』, 美術出版社, 1966.

나노하나 고네코(菜の花こねこ), 『디지캐럿②デ·ジ·キャラット②』, 角川書店(電擊文庫), 2000.

장 프랑수아 리오타르, 『포스트모던의 조건』, 고바야시 야스오(小林康夫) 옮김, 書肆風の薔薇, 1986.

『오타쿠의 책おたくの本』(『별책 다카라지마別冊寶島』104호), JICC出版局, 1989.

『닛케이 BP 디지털 대사전日經BPデジタル大事典』 제3판, 日經BP社, 2000.

■ 참고작품

이 책에서 언급된 작품에 대해서는 명칭과 장르만을 열거해둔다. 서브컬처의 성질상, 각 작품의 판매원이나 입수 방법은 빈번히 바뀔 가능성이 있으므로 흥미가 있는 독자는 각자 인터넷에서 검색하는 것이 확실한 방법이다.

〈아키하바라 전뇌조〉 TV 애니메이션

〈아야나미 육성계획〉 시뮬레이션 게임

〈EVE burst error〉 어드벤처 게임

〈우주 전함 야마토〉 TV 애니메이션

〈시끌별 녀석들〉 만화/TV 애니메이션

〈Air〉 노벨게임

〈S · M · P · ko2〉』 미술작품

〈오토기리소〉 노벨게임

〈카드캡터 사쿠라〉 만화/TV 애니메이션

〈Kanon〉 노벨게임

〈키즈아토〉 노벨게임

〈기동전함 나데시코〉 TV 애니메이션

〈기동전사 건담〉 TV 애니메이션

〈기동전사 건담 ZZ〉 TV 애니메이션

〈기동전사 Z건담〉 TV 애니메이션

〈역습의 샤아〉 극장용 애니메이션

〈크림레몬 흑묘관〉 오리지널비디오애니메이션

〈환마대전〉 극장용 애니메이션

〈시즈쿠〉 노벨게임

〈신세기 에반겔리온〉 TV 애니메이션

〈세인트 세이야〉 만화/TV 애니메이션

〈태양의 왕자 호루스의 대모험〉 극장용 애니메이션

〈DESIRE〉 어드벤처 게임
〈디지캐럿〉 미디어믹스 기획
〈철완 아톰〉 TV 애니메이션
〈To Heart〉 노벨게임
〈DOB〉 미술작품
〈미소녀 전사 세일러문〉 만화/TV 애니메이션
〈불확정세계의 탐정신사〉 어드벤처 게임
〈메가존 23〉 오리지널비디오애니메이션
〈YU-NO〉 어드벤처 게임
〈리프 파이트〉 트레이딩 카드 게임

사사謝辭

이 책은 『유레카ュリイカ』지 2001년 2월호, 3월호, 5월호, 7월호에 나누어 게재된 '과시적過視的인 것들'을 크게 개고한 것이다. 게재 때 신세를 진 세이도샤靑土社의 야마모토 미쓰루山本充 씨와 그것을 책으로 정리하면서 신세를 진 고단샤講談社의 다나카 히로시田中浩史 씨에게 우선 감사드리고 싶다. 또 인용된 도판의 원작자 여러분에게도 깊이 감사를 드리고 싶다. 저작권의 취급을 소홀히 하는 것은 용서받지 못하지만, 인용의 자유는 2차창작으로 가득한 우리 문화의 기초조건이다.

그리고 마지막으로, 15년도 더 전에 본 오시이 마모루押井守 영화의 충격을 잊을 수 없어 애니메이션 근처를 어슬렁거렸던 구세대인 필자에게 노벨 게임이니 동인 소프트니 하는 최근의 오타쿠계 문화의 움직임을 나타내는 작품을 계속하여 가져다준 젊은 친구들에게도 감사의 말을 전하고 싶다. 서브컬처를 주제로 하는 책은 발간했을 때에는 이미 시대에 뒤떨어지게 되는 일이 많고 그것은 또 서브컬처의 성질상 피할 수 없는 것이기도 하지만, 그럼에도 불구하고 이 책의 내용에 조금이라도 신선한 부분이 있다면 그것은 전적으로 그들 덕분이다.

옮긴이의 말

이 책은 '오타쿠를 통해 본 일본사회'라는 부제가 제시하는 것처럼, 가상현실에 탐닉하는 사람들의 '오타쿠계 문화'를 단서로 삼아, 오타쿠라 불리는 사람들의 소비행동을 애니메이션이나 소설, 미소녀 게임, 퍼스널 컴퓨터(인터넷) 등의 소위 서브컬처를 중심으로, 현대라는 포스트모던 시대의 양상을 분석한 것이다. 오타쿠와 모에 요소, 90년대 후반 이후 보급되어온 '미소녀 게임ギャルゲー'이라 불리는 오타쿠형 게임이나 웹사이트 등의 디지털 콘텐츠의 구조에 대하여 '데이터베이스'를 키워드로 해독한다.

이 책(일본에서 2001년 11월 출간)을 전후로 하여 김지룡의 『나는 일본문화가 재미있다』(명진출판, 1998)나 에티엔 바랄의 『오타쿠―가상세계의 아이들』(송지수 옮김, 문학과 지성사, 2002)에서도 오타쿠 문제가 다루어졌다. 당시 일본에서 오타쿠라는 단어는 미야자키 쓰토무라는 연쇄살인범을 연상케 하여 대단히 부정적인 이미지를 가지고 있었다.

그러나 오타쿠계 문화는 전 국민적으로 확산되는 문화는 아닐지언정 결코 마이너 문화도 아니다. 문화적 가치영역의 역동성 속에서 현대인이 겪는 상실감과 오타쿠들이 겪는 사회화 과정과 소통의 실패는 서로 연결되어 있다. 뿐만 아니라 오타쿠계의 소비자는 일본에서만 해도 공감, 수집, 현시, 창작, 귀속 등의 욕구를 바탕으로 한 극히 활동적인 층만 하여도 수십만을 웃도는 규모이다. 더구나 오타쿠계 문화는 이미 일본만의 현상이 아니며, 오타쿠들이 만들어낸 만화나 애니메이션, 게임 등의 독특한 세계는 아시아 지역을 넘어 국제사회 곳곳의 서브컬처에 깊은 영향을 주고 있어, 우리도 결코 간과할 수 없는 문제가 되었다.

이 책에서 말하는 포스트모던이란 좁게 보면 '1970년대 이후의 문화적 세계'를 뜻하는데, 이것은 즉 프랑수아 리오타르가 지적한 '커다란 이야기의 조락' 후의 세계이다. 18세기 말부터 20세기 중반까지 체제 정비나 이성, 생산의 우위로 나타난 '커다란 이야기'에 지배된 근대(모던)에 대하여, 포스트모던에서는 '커다란 사회규범'이 기능부전을 일으켜 사회 전체의 결속이 급속하게 약해진다. 그러한 현상은 제1차 세계대전 후에 명확해졌으며, 냉전이 끝나고 공산주의조차 사라진 1989년에 표면화되었다고 볼 수 있다. 따라서 근대에서 포스트모던으로의 이행은 1970년대를 중심으로 1975년부터 1989년까지의 14년간에 걸쳐 이루어진 것인데, 오사와 마사치大澤眞幸에 의한 전후 일본의 이데올로기 상황의 분석, 즉 '이상의 시대'(1945~1970년)와 '허구의 시대'(1970~1995년)의 이분법에 이어, 저자는 소비자가 타자를 고려하지 않고 즉석에서 기계적으로 욕망을 채우는 미국형 시스템을 '동물화'라고 부르고, 1995년 이후의 문화에서는 이와 같은 욕구충족과 닫힌 사회성을 특징으로 인간성의 새로운 단계로 이행한다는 '동물화'의 방향과, '데이터베이스적 동물'이라는 새로운 인간상을 제시하였다.

프랑스의 헤겔 연구자 코제브는 그의 이른바 '역사의 종언론'에서 서양세계가 이윽고 일본화(스노비즘화)할 것을 예언했는데, 저자는 지금의 일본은 스노비즘화가 아니라 동물화의 과정이라고 말한다. 현대인은 이미 '커다란 이야기'를 더이상 욕망하지 않고, 단지 잘게 나눈 데이터베이스를 소비하는 것이다.

근대에서 포스트모던으로의 흐름 속에서 우리의 세계상은 원래 이야기적이며 영화적인 세계관, 즉 '커다란 이야기'가 존재하는 것을 전제로 하는 세계관에 의해 지탱되었던 것이, 1970년대에는 커다란 이야기를 잃어버렸고, 1980년대에는 그 잃어버린 커다란 이야기를 날조하는 단계(이야기 소비)에 이르렀으며, 계속되는 1990년대에는 날조의 필요성조차 포기하고 단순히 데이터베이스를 욕망하는 단계(데이터베이스 소비)를 맞이하였다. 이것은 오쓰카 에이지大塚英志

가 말한 '이야기 소비'에서 '데이터베이스 소비'로의 변환이며, '리좀 모델'에서 '데이터베이스 모델'로의 변환이다.

근대는 '트리형 세계'로, 여기에서 표층과 심층, 작은 이야기와 커다란 이야기는 서로 닮은 연결고리를 가지고 있었으며, 표면에 나타난 작은 이야기는 커다란 이야기에 의해 의미가 부여되었다. 하나의 작은 이야기는 하나의 커다란 이야기로 이어진다. 세계를 이해하는 것은 작은 이야기를 통하여 커다란 이야기를 이해하는 것이었다.

반면 세계의 의미부여 역할을 하였던 커다란 이야기가 기능부전에 빠져버린 포스트모던 세계는 '데이터베이스형 세계'로 불리며, 여기에서는 작은 이야기와 커다란 이야기가 직접적으로 연결되는 일은 없다. 포스트모던에서는 커다란 이야기 대신 이미 이야기로 보이지 않는 커다란 비이야기=데이터베이스에서 적당히 뽑아 조합한 작은 이야기가 탄생한다. 따라서 같은 커다란 비이야기로부터도 몇 개인가 다른 작은 이야기가 생겨버린다. 같은 것이라도 해석하기에 따라 다양한 양상을 띠고, 세계 전체가 공감할 수 있는 커다란 이야기는 이미 소멸해버렸다.

커다란 이야기가 실조하고, '신'이나 '사회'도 서브컬처에 의해 날조되는 포스트모던적 인간은, '의미'에의 갈망을 사교성을 통하여 채울 수가 없다. 오히려 동물적인 욕구로 환원함으로써 고독하게 채우는 오타쿠들의 가상현실에는, 작은 이야기와 커다란 비이야기 사이에 어떠한 연결고리도 없다.

의미의 동물성에의 환원, 인간성의 무의미화, 그리고 시뮬라크르 수준에서의 동물성과 데이터베이스화한 신념과 기억과 역사, 그리고 그것을 매개하는 테크놀로지 속에서 표류하는 오타쿠들의 모습 속에 현대인들의 고독한 폐쇄성이 엿보인다.

따라서 이 책은 '오타쿠'를 대상으로 쓰인 책임에도 불구하고, 읽다보면 오타쿠라는 개념의 제한 없이 현대사회 자체를 논의하고 있음을 알 수 있다. 저자는 말한다. "'포스트모던'이나 '오타쿠계 문화'라고 하면 사회적인 현실에서 이탈하여 허구 속에 스스로를 가둔 시뮬라크르의 유희를 상상하는 독자도 많을지 모르겠지만, 거기에도 역시 이와 같은 작품(〈YU-NO〉)이 있는 것이다. 이와 같은 뛰어난 작품에 대하여 하이컬처다 서브컬처다, 학문이다 오타쿠다, 성인용이다 어린이용이다, 예술이다 엔터테인먼트다 하는 구별 없이 자유롭게 분석하고 자유롭게 비평할 수 있는 시대를 만들기 위해 이 책은 쓰어졌다"라고.

2007년 6월

이은미

옮긴이 **이은미**

1960년 전북 고창 출생. 전북대학교 사범대학 국어교육학과 졸업. 일본 도쿄 대학 종합문화연구과 지역문화 전공 석사학위 취득 및 동대학원 박사과정 수료. 서울대학교 언어학과 박사과정 수료. 현재 동신대학교 언어치료학과 교수로 재직중이며 연구 분야는 의미론, 신경언어학이다. 주요 저서로 『일본어 한자정복』, 『일본어의 문형』, 『스크린 속의 영어』 등이 있으며, 옮긴 책으로 『인지언어학 키워드 사전』 『젠더/섹슈얼리티』 『소리와 의미의 에크리튀르』 『황홀한 사람』 『프로이트의 실어증』 등이 있다.

감수 **선정우**

만화 칼럼니스트, 출판기획사 코믹팝 엔터테인먼트 대표. 1995년부터 조선일보, 『문예연감 2005』 등에 만화·애니메이션 칼럼을 연재했고, 2002년부터는 요미우리 신문, 『키노』 등 일본의 신문과 잡지에 한국 문화를 소개하는 기고를 지속해왔다. 2004년 이탈리아 베네치아 비엔날레 국제건축전에 일본관 초대 작가로서 참가하여 〈한국의 온라인 커뮤니티〉라는 전시작품을 발표했다. 2002년 대한민국만화대상과 2004년 오늘의우리만화상을 비롯해 다수의 만화 관련 사업에 심사위원으로 참여했으며, 저서로 『슈퍼 로봇의 혼』, 일본에서의 공저 『오타쿠:인격=공간=도시 베네치아 비엔날레 일본관 카탈로그』 등이 있다.

동물화하는 포스트모던

1판 1쇄 2007년 6월 29일 | 1판 5쇄 2015년 1월 20일

지은이 아즈마 히로키 | 옮긴이 이은미 | 펴낸이 강병선
책임편집 양수현 | 저작권 한문숙 박혜연 김지영
마케팅 정민호 나해진 이동엽 김철민 | 온라인 마케팅 김희숙 김상만 한수진 이천희
제작 강신은 김동욱 임현식 | 제작처 (주) 상지사 P&B

펴낸곳 (주)문학동네
출판등록 1993년 10월 22일 제406-2003-000045호
주소 413-120 경기도 파주시 회동길 210
전자우편 editor@munhak.com | 대표전화 031) 955-8888 | 팩스 031) 955-8855
문의전화 031) 955-3576(마케팅) 031) 955-8864(편집)
문학동네카페 http://cafe.naver.com/mhdn

ISBN 978-89-546-0325-6 03300

www.munhak.com